讓孩子做學習的主人

自主學習典範親師指南

丁志仁
曲智鑛 合著

推薦專文

自學很難，會了後終身受益

誠致教育基金會創辦人　方新舟

我在大二升大三的暑假得了肝炎，一開始以為是急性肝炎，只要休息幾個星期後就可以恢復作息。開學後，我就待在臺北家裡自學，天天盼望能早日回校上課。沒想到事與願違，我的肝指數上上下下，不但影響我的體力跟心情，更讓原本就很難讀懂的一堆英文書，包含電子學、通訊理論等很硬的課本，更難吸收理解，有好幾次都想放棄。

幸好我有好老師、好朋友，還有愛我的家人，用無限的耐心與愛心鼓勵我。經過好幾個月的「硬啃」，我終於開始參透複雜的電子設計跟像天書的數學公式，有幾次自己搞懂後興奮得叫出來，那真暢快！

這一年的自學教會我好多事，除了重拾念書的熱忱外，我變成堅毅、樂觀、自信的人，我學會把壞事變好事。我常常感恩生病在家自學的這一年帶給我一生的祝福。

如果我那時能看到志仁兄跟智鑛寫的這本自主學習典範，我一定可以少吃一點苦。無論你是自願或被迫，祝你具備好品格，找到好方法，快樂地自學！

推薦專文

為下一個世代的學習典範定錨

小實光實驗教育機構創校校長　李光莒

一九八〇年代以降，隨著工業時代往後工業時代演進，我們重新從「罐頭人」的標誌，朝向個別化意識前進。隨著典範的轉移，我們由集體意識轉而關注個體差異，從「不讓任何一個人落後」（No Child Left Behind Act）到「每一個學生都成功」（Every Student Succeeds Act），孩子的視野從面向黑板的排排坐，轉化為「教室在窗外」，我們走出教室「開門」辦教育。

丁丁和智鑛這一對「青壯配」，不約而同的聚焦「自主學習」，以自身輔導專長與實驗教育的碰撞，為下一個世代的學習典範定錨，讓我們有機會重新理解孩子的學習，重新將「個學」與「群學」的經緯線阡陌交通，打造成一個符應時代的學習生態系統。

自主學習：教育典範大翻轉

樂觀書院創辦人　唐光華

臺灣中小學一〇八課綱的實施，是臺灣教育改革邁向更開放、多元的重要里程碑，其中：重視素養導向，強調自主學習，鼓勵學生養成自發、互動、共好精神，特別受到教育專家、中小學教師與家長的肯定與支持。

因為素養導向的教育，意味著今後中小學教師與學生都不能只依賴課本講授與吸收，更不能只靠記憶與背誦得分，師生都需要廣泛吸收相關知識，思辨、對話與融會貫通。至於揭櫫自主學習，則更有翻轉教育的意義，目標在把學生從激烈的升學考試競爭壓力下，處處感受學習是被迫、無奈的模式中解放出來，給學生更多的自主選擇空間與留白時間。當學生的學習選擇變多，留白時間變多，學生的學習自發性自然萌芽與增強，進而在教師與家長協力引導與陪伴下，鼓勵合作學習、志工服務、關懷弱勢，培養學生共好情操，而非扭曲的惡性競爭。

由於要達成素養導向，與培養學生自發、互動、共好的學習精神，必須透過自主學習。然而，如何自主學習？為何要自主學習？孩子有可能自主學習嗎？對於許多長年習慣主導掌控，學生與孩子被動學習的教師與家長而言，難免出現困惑與疑慮，即使明知自主學習應該追求，但仍有不知從何著手的困惑。

很高興資深的教改社運行動家丁志仁老師，與新世代卓越的特殊教育工作者曲智鑛老師，合著《讓孩子做學習的主人》這本新書，從宏觀世界社會經濟科技發展的過去與未來，介紹教育典範的必然轉移，以及從微觀的角度，剖析學習的本質。無論是丁志仁老師的宏觀分析或曲智鑛老師的微觀分析，皆指向教師與家長必須以學習者為主體，鼓勵孩子自主學習。

兩位老師根據他們多年的學術研究，和在自主學習教學現場帶領特教孩子發展的實踐經驗，向教師與家長提出如何讓孩子進入自主學習狀態，進而成為終身學習者的許多寶貴建議。丁志仁老師特別強調群我、均優、剛好，以及組課共學、行動學習；曲智鑛老師強調教師與家長對孩子的自我決定要有信心，指出自主學習不只是學習方法，更是一種生態系，需要教師與家長協力建立鷹架支持。

我曾參加一九九四年的四一〇教改大遊行，也於同年參與創辦種籽實驗小學（臺灣體制內外學校最早以自主學習為核心理念的學校）。之後，曾以兼任教師的身分參與一九九七至二〇〇七年的北市自主學習六年一貫中學實驗計畫。過去十一年，則成立樂觀書院，以自主學習的精神與許多志同道合的教師與家長，在臺灣推動青少年哲學教育。而過去四年，則與丁志仁老師、曲智鑛老師共事，和其他多位老師參與政治大學實驗教師師培計畫，培養新世代體制內外自主學習教師。

基於二十七年參與自主學習教育實驗的經驗，我對自主學習適用每一個孩子，適用於選修課，也適用於必修課，適用於體制內學校，也適用體制外實驗教育，深具信心。對於丁志仁老師與曲智鑛老師在書中對教育與學習本質的分析，對教師、家長所提的許多如何鼓勵孩子自主學習的寶貴建議，以及讓孩子成為學習的主人非常認同，相信閱讀本書的教師、家長、學生或關心教育的社會人士，一定可以從本書得到許多觀念啟發與行動指引。

推薦專文

以寬裕教育為鏡，走向學習新典範

國立臺灣大學社會學系教授　陳東升

日本在一九九八年公布第六版《學習指導要領》（約等於臺灣的課綱），這份學習指導要領在二〇〇二年開始實施，隨後日本的中小學教育進入所謂的「寬裕教育」時代，目標是：在「有寬裕的教育活動」中培養下一代的生存能力，發展個性，讓學童從龐大的課業壓力解放出來。

寬裕教育的具體做法有嚴選百分之三十教學內容、開設綜合學習時間等，經由減少學習內容及降低課時等方式，試圖解決「同學們被學校生活、補習學校和家庭內的學習奪去大量時間，睡眠時間不足，過著沒有『寬裕』的忙碌生活，以及孩子們表示『晚上睡不著』、『容易疲勞』、『早上沒有食慾』、『莫名其妙想大喊』等問題」。

十年後，日本第七版《學習指導要領》開始「去寬裕教育」，再度增加課時與學習內容，部分學習內容重新下移到較低年級。我們要知道，日本實施寬裕教育已經進行十年的準備，並且受到全國的期待，卻沒有成功。日本為什麼會受到如此的反挫？臺灣為什麼沒有發生類似的發展？臺灣如果大力推動學生自主學習，以後會不會碰到相同的遭遇？

從表象上來看，日本運氣很差，二〇〇〇年開始的PISA，日本學生在數學應用能力方面排第一。然而，在二〇〇三年的調查當中，日本學生數學能力降到排名第六，在二〇〇六年的考查中又掉到了第十名。在閱讀能力方面，日本也由最初的第八，下降到二〇〇三年的第十四，二〇〇六年又降到第十五。

而私立教育機構透過誇張宣傳、媒體的炒作，將這一切歸咎於寬裕教育大幅度削減了教學內容和上課時數。但因果關係顯然是無法證明的。因為新的學習指導要領到二〇〇二年才開始實施，要拖累日本學生學力下降可能性不高。有一部分原因其實是：二〇〇三年、二〇〇六年兩次的PISA測試，韓國、香港、臺灣等地也加入了測試，表現優異，排名在前面，導致了日本的排名向後移動。

不過深入一點探討，日本寬裕教育中有兩點反思，其實值得臺灣借鏡。首先，在培養學生自主性的同時，有時學生會自發地去降低自己的學習強度和密度，也不容易自己找到學習的價值，甚至把「只滿足於一般程度」當作自己的學習目標。其次，日本教師在寬裕教育中不再給學生家庭作業，很多老師也沒能力和學生一起找出學習的真正意義，甚至有的老師將《學習指導要領》簡單地理解為「教學不能超出範圍」，沒有激發學生「調整或提升自己的能力」。

如同本書中所描述的：讓學生參與自己的學習治理；老師雖退後不搶著當學生學習的英雄，但是卻陪伴學生，讓他們成為自己學習英雄的重要角色；在所有的面向重用學生；用任務驅動式的課程設計，調動起學生對付問題的能力；透過群學共振，讓「人人為我，我為人人」成為學生學習與生活中的最佳生存策略；在日常生活中實踐群我與個體我互為主體；開門辦教育，把整個臺灣當成一個沒有屋頂的大教室……。臺灣很幸運的，除了學生中心、多元知能、適性揚才的理想，還因為推動實驗教育三法的關係，得到完整落實這些想法的論述與實踐經驗。

當然，關於自主學習典範的一切才剛萌芽，還有很長的路要走。讓我們祝福丁丁、曲智鑛，和他們無數踽踽前行的同志們，踩踏出一條臺灣通往多元社會的道路。

推薦專文

任重致遠，期待臺灣教育再注新活力

前教育部長、前佛光大學校長　楊朝祥

「一〇八課綱」是九年一貫課程的再進化，而且在各方面都走得更遠。

一九九七年四月，林清江先生受行政院教改會與教育部吳京部長雙重囑託，召集各方賢達，成立國民中小學課程發展專案小組，開始研議新一代的課程總綱，及未來的課程發展流程。

次年（一九九八年）吳京部長卸任，由林清江先生接任部長，並於一九九八年九月完成「國民教育九年一貫課程總綱」，嗣後林清江部長因健康因素離任，由我接手九年一貫課程各領域課程的發展，並研議實施的細節。

當時瞄準廿一世紀，擘劃課程大幅度更新的，除了臺灣，還有日本和大陸。尤其是大陸二〇〇〇年的課改，無論校本課程、一地多本、鼓勵教師和學生參與教材編製、建立學習領域……，基本上和臺灣的課程發展構想，大致相通。

二十年過去了，日本寬裕教育只推動了十年就走回頭路，大陸二〇〇〇年的課改更是在「舉國體制」再度抬頭之後，淹沒在歷史洪流當中。只有臺灣，一〇八課綱不但繼承了當年九年一貫課程的願景，還發揚光大，走得更穩更遠，殊為不易，值得國人加以珍惜。

在這長達二十年的課程改革中，臺灣的方針到底是什麼？主要有兩點：成就多元社會與國民終身學習。

首先，我們「不再用同一把尺去量所有的小朋友，而是讓小朋友們有形形色色，可以成功的路徑」，這樣才能讓臺灣充分實踐多元社會。第二點，二十年前的課改就已經知道「一技在身，終身受用」的時代已一去不返，與其去計較讓孩子們學什麼未來比較有用，不如讓孩子們「一直維持在學習狀態中」。

一言以蔽之，九年一貫課程強調能力，一〇八課綱則強調素養。既要同學們一直維持在學習狀態中，那必然要提升學習動機，增進學習興趣，避免因為成就教育金字塔，讓學生過度競爭而內卷（involution）。一旦學生的學習能夠內化，發覺自主學習的樂趣與價值，才可能達成「適才適性」、「將每個孩子帶上來」的教育目標。

在課程發展的過程中，臺灣是非常重視鄉土教育的。二十年前，九年一貫課程就讓閩、客、原語等鄉土語言進入課綱；二十年後，一〇八課綱更讓新住民語進入課綱，將教育扎根於本土。

除此之外，為了讓臺灣教育走得更遠，還需要有更新的元素再注入課程改良，「自主學習」無疑是臺灣課程發展很好的新元素。

志仁老弟，一直是臺灣教育社運界鍥而不捨的老兵，不論當年的九年一貫課程，還是這次一〇八課綱，都有他的汗水和貢獻，這次和曲智鑛先生一起撰寫本書，闡明「自主學習典範」在論述與實踐上多視角課題，相信一定能為往後臺灣教育的發展，再注入新的活力，且讓我們拭目以待。

推薦專文

以了解消除偏見，務實對實驗教育的期待

實驗教育無界塾、線上學習平台PaGamO創辦人　葉丙成

自從二〇一四年實驗教育三法公布以來，臺灣關注實驗教育、自學的人越來越多。然而對大多數人來說，實驗教育、自學到底是怎麼回事，還是不甚了解。也因為不了解，所以常產生許多偏見。比如常有人以為自學就是放牛吃草，或覺得實驗教育就是隨便學生要學不學，學生學科程度一定很差。這些不了解實驗教育／自學，甚至產生偏見的人，在臺灣社會比比皆是。不僅家長常有這種誤解，就連教育圈也有不少老師、大學科系、教授有這樣的誤解或偏見。

這樣的誤解跟偏見，往往也造成許多家長對實驗教育或自學的裹足不前。而且實驗教育的學生在申請大學的過程中，若不幸遇到有這種誤解的科系或教授，也會讓這些孩子遇到被誤解而生的升學壁壘。不管是前者或後者，對於實驗教育的長遠發展都有不利的影響。如果要讓實驗教育走得更好更穩，臺灣社會需要對實驗教育、自學有

更深入的了解，並減少許多先入為主的看法。

因此，我非常高興看到曲智鑛老師跟丁志仁老師這本新書的出版。丁老師在實驗教育深耕多年，是大家敬重的前輩。智鑛則是我六年前創辦無界塾實驗教育機構的夥伴。無界塾是臺北第一家、也是臺灣很少數從小學橫跨國中、高中的實驗教育機構。這些年來智鑛在無界塾的學生輔導工作上投入許多心力，也幫助許多老師在這部分的增能。他們兩位的背景、專長、經驗，有許多非常互補的地方，也因此他們合作撰寫的這本書，恰可以從各種不同的面向去剖析實驗教育、自學的本質，讓大家更了解實驗教育、自學存在的意義與價值。

尤其書中有諸多探討實驗教育與體制內教育之間差異的討論，並從大環境的角度出發，說明實驗教育、自學所培養的能力為何能因應時代變遷所帶來的挑戰。丁老師在這部分撰寫了非常精彩而詳盡的論述，幫助不了解實驗教育、自學的人更清楚地理解這樣的教育變革的目的與重要性。另外，智鑛也把過去這些年輔導與觀察學生／家長的許多經驗，在書中分享給大家，希望能幫助更多家長和老師了解如何引導孩子，如何在實驗教育、自學的過程中，能讓學生出現真正有效的學習。

這些年來，實驗教育或因不了解而被污名化成放牛吃草，或是被人覺得實驗教育聽起來就是潮，就是要搶著進去。不管是前者污名化或是後者的溢美，我認為對實驗教育的發展都不是好事。臺灣社會需要對實驗教育、自學有更客觀的認識與了解，大家對實驗教育的期待才會更務實，也更有機會落實。對於所有關心孩子教育的朋友，我認為這是一本能幫助你了解實驗教育、自學的好書，值得你細細品味！

推薦專文

自主學習：宏觀與微觀的對話

國立政治大學教育學系教授　詹志禹

近年來我與丁丁聊天的時候，常聽他提到「自主學習典範」、「土雞模式」、「群學」、「組課共學」、「共振」、「互聯共生網絡」、「生態系」、「開門辦教育」等觀點，但一直沒有機會聽他完整地將這些觀念闡述一次。這一次藉由閱讀本書的機會，很高興看到這些觀念的連結，看到一個新典範的形成！

挑戰舊典範與建構新典範，原本是兩件很龐大的工程，丁丁過去投注龐大的時間與精力於教育改革，是用行動在進行這兩件工程；這次參與本書的共創，則是將行動背後的政治觀、經濟觀、教育觀、生態觀，以及實踐策略，加以系統化！

我認識曲智鑛，是從擔任「GHF教育創新學人獎」評審開始。他對於特殊需求孩子的敏銳度、對生活教育與情境教育的掌握、對家長提供的支持與專業服務、對學校提供的親師溝通橋梁角色……，在在讓我印象深刻。這一次藉由閱讀本書的機會，很高興發現他關懷的問題、認同的理論與建議的原則，與我的看法高度相通，讓我有喜遇知音之感。

這些讓我產生共鳴的觀念包括：「**父母的教育選擇應包含孩子的選擇**」（我的說法是「孩子的學習權應優先於父母的教育選擇權」）、「**面對選擇，沒有最好，只有適合與不適合**」（頗具多元主義和生態觀點）、「**請避免不必要的競爭、比較和排名**」（我也寫過很多文章批判各階段教育的競爭與排名現象）、「**從孩子的興趣出發，試著啟動內在動機**」（我也寫過很多相關文章與開過相關課程）、「**創造有品質的相處**」等，還有「自我決定」理論、「自我調節」理論與鷹架理論等，也都是我常引用、頗認同的理論。曲老師把這些觀念和理論結合「七個習慣」，轉化成培養自主學習能力的好方法。

丁丁與曲智鑛認識不到三年，但兩人的合著卻是無縫接軌，穿梭宏觀與微觀，兼顧哲學、理論、模式、方法論與典型案例，確實達成了科學哲學家孔恩（Thomas Kuhn）對於「典範」的描述；兩人的默契與互補，讓人感覺像一種「寶瓶同謀」，提出的新典範則像在網絡時代對學習典範的超前部署。

臺灣教育的傳統典範是「科層暨市場體制」，這種典範體現於行政層面的特徵包括：監督控制、講求績效、依法辦事、僵化被動、穀倉效應等；體現於教育層面的特徵包括：灌頂入碼、喜好排名、驅動競爭、獨善其身等。一〇八課綱向「自主學習典範」開啟了一扇大門，可惜宏觀的理念層次與微觀的技術層次脫勾，課綱的理想與教育的現場仍存在許多鴻溝。

我個人深盼本書的出版，能幫助臺灣社會加速邁向互聯共生網絡，發揮綠能、微權力與水平整合的優勢，也能幫助臺灣教育加速邁向自主學習典範，培養自發、互動、共好的終身學習者。

不藏私的典範經驗與智慧

政大臺灣實驗教育推動中心計畫主持人　鄭同僚

在臺灣要談如何助人自主學習，你首先應該要想到人稱「丁丁」的丁志仁。

丁丁是長期教育社運健將，稍稍留意臺灣教改問題的人，一定知道他。在我印象裡，他似乎從不止息於參與攪動傳統教育體制，總是一身短褲涼鞋出席所有會議，永遠聲音宏亮直指問題核心，永遠樂觀踏實地想突破現狀。他總是在為臺灣社會追求更公平、更有效能的教育打拚。

這樣的丁丁，本身就是在僵化教育體制裡，每天想方設法實踐自主學習的大人。過去八年，丁丁還親自辦理一所跨國高中階段的實驗教育機構，累積很多第一手帶孩子自主學習的經驗，更是難得。

一〇八課綱實施以來，我們雖有「自發、互動、共好」的美好教育理念，但由於大人普遍缺乏相關經驗，小孩因而缺乏適當引導，以致目標雖美好，實踐很困難。新課綱如何繼續往前？顯然需要一些典範經驗當參考。

兼具長期自主學習與陪伴孩子自主學習雙重實踐經驗的丁丁，自是很有資格來分享經驗的人。

本書共同作者曲智鑛雖然比丁丁年輕一個世代，但他也是兼具豐富自主學習和辨學經驗的人。我認識智鑛將近三年，他對待孩子真誠而專注。最令人感動的是，總是彎腰低身陪伴很多特殊需求孩子成長，根據孩子需要，為他們帶來希望與力量。我常想，若每一個孩子，都受到類似智鑛帶給孩子因材施教的對待，這世界就沒有特教需求了。

感謝丁丁和智鑛不藏私，合力把他們的經驗和智慧寫成文字，讓所有教育工作者有一本可靠的書可以參考。如果你想自主學習，或陪伴孩子自主學習，這是不應該錯過的一本好書。

推薦專文

全面且務實的自主學習親師指南

瑩光教育協會理事長　藍偉瑩

看到丁志仁老師與智鑛老師聯手寫這個主題，就知道一定是一本精彩的書！看到了內容後更肯定如此。兩位老師長期對於自主學習的琢磨與實踐，使得他們能夠用最全面與務實的方式與大家討論這個主題。

自主學習成為一〇八課綱下的熱門關鍵字，除了是因為在高中每個學生都必須完成外，大學申請入學中可能成為教授認識學生的資料之一，更是讓它被關注度提高。但自主學習對於一〇八課綱最積極的意義並非如此，這是所有學生唯一能夠真正自由決定的一件事情。

面對高中現場的自主學習推動，我們能看到部分學校在推動上出現了一些問題，像是過於重視形式、自主學習方式設限、自主學習內容限制、教師介入較多等，過度在乎結果，很大的可能來自於對自主學習的意義不清楚，反而增加老師負擔，也不利於學生學習態度的發展。

這本書中不僅有學理也包含實務，透過此書可以釐清我們在學生自主學習歷程中的角色，也更安心於自主學習中出現的各種狀況，特別是書中對於自主學習輔導陪伴模式與操作模式的說明，更能夠提供教育現場或父母參考運用。期望這本書的出現，能夠擴大大家對於自主學習的想像，也因此擴大了孩子們探索世界的能量。

推薦專文

持續自我更新，引領孩子走向未來

公益平台文化基金會董事長　嚴長壽

由丁志仁老師和曲智鑛老師共同撰寫的《讓孩子做學習的主人》，在此時此地出版，真的是相得益彰的結合。

丁丁老師是推動臺灣教改的先驅，對政府建言不斷，近年來更致力於推動「自主學習典範」，他在這本著作中敘述了精闢的觀察和論述，並且從具體實踐中提出中肯建議和可操作的工具箱；而智鑛老師則是公益平台熟悉的合作夥伴之一，他以自身陪伴特殊生及其家長的經驗，指出自主學習的個別化教育理念在融合教育的趨勢下，恰能為多元學習需求的孩子提供一些解方。

從未來教育的角度來看，面對AI的興起、幾年前風起雲湧的全球翻轉教育浪潮，到這兩年Covid-19疫情給人類帶來的巨大挑戰，都凸顯出唯有培養孩子成為具備自主學習能力的終身學習者，才能因應世界快速的變化。

我自己在過去十幾年參與實驗教育的歷程當中，也有非常多的感悟。我發覺最大的問題在於大部分家長還無法了解下一個階段世界的轉變，對子女教育的態度不外三個現象：

對於一般有主導性的家庭，家長往往以自己走過的歷程來看孩子的遠方，並且扮演了強力的主導者；另一種家長他們未必知道應該如何做，但是為了不讓孩子輸在起跑點，也就盡其所能的照著主流社會的方式來培育孩子，把孩子的生活填滿。這兩種「理應如此」的態度，其實正源自於這本書上所提到的傳統科層體制，也是本書強調必須轉變的，應該把學習的主動權還給孩子。

而第三種則是偏鄉、弱勢的家長，他們的平均教育程度較低，對外界的了解不夠，甚至於家庭本身的功能不全，所以對孩子的教育或抱持著放任的態度，或感到有心無力。當然，也有許多弱勢的家庭積極期待孩子往前邁進，但是在偏鄉能夠得到的教育資源仍相對是落後的。

其實教育可以歸類為家庭教育、學校教育和社會教育，以臺灣的現況來說，三種都有它待解決的課題。在家庭教育中，家長常常忽略掉自己的一舉一動，都是孩子在形塑基礎個性階段學習模仿的對象，所以當孩子送到學校前，可能已經被養成了特定的性格，也加深了教育上的困難。

從學校教育來看，雖然目前以素養為導向的一〇八課綱上路了，「適性揚才」的願景在現實中，尤其對於偏鄉，又是遙不可及的夢想。偏鄉教育通常是最需要因地制宜的，然而在主流社會的集體目標下，無論是評鑑制度、政策的制訂，還是有許多的束縛，造成老師失去動力或者沒有方法充分發揮。另一方面，對老師而言，在走進教學現場後，其實才是另一個階段學習的開始，無論是針對孩子的特性、和家長溝通的能力、面對教育領域或職場上持續不斷的改變和應對，甚至對社會發展的趨勢，對人類如何面向永續，都必須有跳脫框架的能力。

第三個就是社會教育，臺灣雖然擁有了民主，但是必須說，當前全世界都顯現出文明倒退的跡象，整個社會都以公開的利己為主，忽略了作為人類，只有我們能夠同時考慮到利他，才能夠走向真實的永續。而想要扭轉，就必須從「教育」著手。

誠如作者所說，隨著網際網路蓬勃發展後，知識變得隨手可得，全世界都朝向多元社會演變，這一方面提醒我們應該回歸學習的本質，轉變教育者的角色，了解不同孩子的特質和需求，幫助他們學習如何學習，探索自己的專長和興趣；並且我認為將來的學習是教學相長，而且要能夠與時俱進，若期待孩子能自主學習，那麼家長和老師不能停止學習，這是帶著孩子走向未來的唯一方法。另一方面，便捷的網路就像一把雙面刃，它可以是正向學習的資源，卻也可能是戕害孩子身心的毒藥，因此，培養孩子先學會「做人」，懂得自律、思辨，有悲憫心，有關懷社會公平的能力，再學會「生活」和「做事」，才能不被機器人駕馭，避免身為器役。

以上提及的，是我作為一個教育旁觀者所看到的現象和感想。非常佩服兩位老師能夠很精闢的提出他們在教育界看到的問題，並且分享了許多陪伴孩子養成自主學習能力的觀念，和適用於家庭、學校的實用方法，非常值得參考。當然要養成孩子的這些能力並不容易，在引導陪伴的過程中，大人不僅要保持耐心、適度地放手，同時意識到自己也正處於自我更新，才能真正讓自主學習、終身學習發生。最後，衷心期待這一本書啟發更多師長們的回響和行動。

作者序

動手打造出符合自己需要的教育吧！

丁志仁

我是一個教育社運老兵，從一九八四年和夥伴們一起創立振鐸學會，至今已過去三十七個年頭了。我們這一代人的前半生，其實是和臺灣解嚴的全過程綁在一起的。

如同本書第二章所指出的：教育系統從來就是「匹配」於它所隸屬的社會系統。所以過去三十七年的前半段，臺灣教育界的主要變遷其實就正扣著「走出戒嚴」這個主題。經過大家的努力，臺灣在師資、課程、教育財政、教育行政等各方面，終於擺脫戒嚴時期政權把控教育局面，回到一個正常國家的格局。

但隨後國內外發生許多鉅變，首先網際網路似乎就是伊利許（Ivan Illich）想要讓人民「由機構學習，走向由網絡學習」那個基礎工具；「全球正在暖化，人類活動極有可能是導致全球暖化主要原因」成為學界和全球共識；極端氣候現象越來越頻繁，致災規模也越來越大，跟科學家的預測完全吻合；全球化造成貧富差距迅速擴大；人類基因組計畫完成，同時基因剪輯受到普遍運用；腦科學與奈米科技也有重要的突破；網際網路使普羅大眾樂於持有手機等移動裝置，兩者結合又生成了大數據，用大數據可以訓練AI；而物聯網還會使更多數據生成，必然會催化進一步的AI進化……。這些進展被塞進短短的三十年裡，也徹底改變了下一代在職涯、公民責任、教育等領域的核心提問。

事態至此，臺灣教育所需要的已經不僅是「走出戒嚴」，而是需要全面重塑以「適應當代」。找專家來制定一版進步的新課綱，然後頒行全國高中以下學校這種模式毫不可行，因為人類社會變遷節奏快速，已遠遠快於課綱這種「舉國體制」所能達到的最大「升級改版」節奏。所幸臺灣同時期正在進行實驗教育法制化，使得教育現場得以進行多面向的創新試探，迭代式演進發展出了很多可用的教育模式，其中「自主學習典範」算是深具意義的一路發展，而我和振鐸學會所經營的六年制學程，是這條發展路徑上的重要實踐者之一。

在二〇一三至二〇二〇年這八年的實踐過程中，自主學習典範的課程支持系統與自主學習帶領者培力的支持系統陸續被發展出來，而學生單位成本也逐漸進展到不高於公立學校學生單位成本，理論上臺灣已經具備在體制學校推廣自主學習的條件了。然後一〇八課綱實施，又完全提供在校內推動自主學習課程的合法性和正當性。

正是在這段推廣自主學習典範的努力過程中，我認識了許許多多的同志，其中曲智鑛老師是當中既年輕又有活力的朋友。很快我們就共謀為自主學習典範建立起輔導人脈網絡與平台，用以支持走自主學習辦學路線的實驗教育機構。我們也在今年上半年組了一門「自主學習輔導平台」的課程，一方面招兵買馬，另一方面希望透過群學的方式，進一步發展自主學習典範的論述與實踐方法。其中一部分內容成為了本書的濫觴。而如果不是曲智鑛老師活力十足，火力四射，我們兩人是萬難在已經忙昏頭的情況下，還能共同完成這本書。

在這本書中，曲智鑛老師偏向闡明在微觀視角下的日常實踐，我則側重巨觀角度下自主學習典範的時代意義與基本描摹。起碼我個人是希望經由這本書，結交到更多有志推廣自主學習的朋友，透過商量討論使大家的努力方向可以更聚焦，讓後續自主學習典範的推進能更平順。

就國家和人民來說，臺灣目前學校教育的這套「舉國體制」越快轉軌升級越好，而自主學習典範富含「自造精神」，能讓整個社會的資源與力道都可以用來幫助人民動手打造出符合他自己需要的教育。其快速迭代演化的節奏，才能夠跟得上當代適應的需要。讓每所學校能有九至十二節校定課程的空間，「自己跑起來」，而不是「舉國綁在一起」，是目前至少應該去做，也必須去做的事情。

作者序

重建一個生態系，找回孩子的自學力

曲智鑛

從事教育輔導工作這些年來，生命曾與許多孩子交疊，每一個孩子都有自己的樣子。從一開始他們就是不一樣的，環境不該期待他們達到相同的成就，所謂世俗定義的成功，也不該用一樣的方式教育孩子，因為生命本不該被規格化。

自從協助葉丙成教授辦理臺北市無界塾實驗教育機構後，我開始更有意識的思考「自主學習」這個題目。在陪伴孩子們成長的過程中，真實的見證他們自主學習能力養成的歷程，不僅如此，在工作中發現這個場域的變化飛快，教育工作者唯有不斷地增能，才能面對持續不斷的挑戰，換句話說，沒有自學能力的老師很容易被這樣的環境淘汰。

二〇一九年參與臺灣實驗教育推動中心的實驗教育工作者培育計畫，在那裡結識了丁志仁老師。還記得我們在金山活動中心舉辦共識營，晚會開始前我刻意找丁老師攀談，聊的是特殊教育需求學生的輔導方案，我將心中的輔導模式藍圖分享給丁老師，沒想到他非常認同我提出的方案。

在自學和實驗教育這個領域，丁老師是我的前輩，用我們兩個共通習慣的語言可以這麼說——對於自主學習，他是資深學習者，我是資淺學習者。在學習的過程中，我一直以來都有向資深學習者請益與對話的習慣，而在討論問題時，丁老師的思辨力與獨特的洞見是最吸引我的，與他互動也不會有和長輩說話的壓力，這些都是值得我學習的。

丁老師的生活哲學與處世態度完全符應本書所談的自主學習概念，而除了實驗教育推動中心的計畫外，我們也在今年初組了一門「自主學習輔導平台」的課程，希望透過群學的方式相互刺激，成為本書的濫觴。在書寫前與書寫後的討論中，我擔心彼此對於自主學習的概念仍有差異，但丁老師總是拍胸脯保證，我們的思想是一致的。就連編輯在看完我寫的第一章後誤以為是丁老師寫的一樣，這個時候我才知道，對於自主學習的思考，我們是這麼的相近。

這些年我習慣透過書寫記錄自己的所思所感，藉由本書希望將腦海中對於自主學習的概念更系統化的整理出來。一〇八課綱的核心目標是培養終身學習者，本書探討的自主學習就是達成這項目標的關鍵策略。

對於平時用心陪伴孩子的爸爸媽媽，以及在教育崗位上日以繼夜焚膏繼晷的教育工作者們，若能理解自主學習典範的精神，創建一個以學習者為主體的生態系，孩子就能展現他們與生俱來的自學力。

其實，我們每個人都有自學的能力，但當我們被教多了，卻反而忘記要怎麼學。期待本書能陪伴讀者們找回屬於自己的學習力！

目錄

〔推薦專文〕

〔作者序〕

第1章

目錄

第5章 方法論與學習實例操作 151

第6章 處理個別差異：面對特殊教育需求的孩子 233

前言

一〇八課綱的願景是希望能培養孩子成為終身學習者，因為在這個時代，如果不持續學習，就可能跟不上世界變化的速度。終身學習是一種狀態，而要能維持這樣的狀態，需要具備自主學習的能力。在這本書的書寫上，我和丁老師試著整理這些年與孩子及家長的互動經驗，對應相關理論提出自主學習典範的指南，希望能成為大人們在陪伴孩子自主學習時的支持。

不僅僅是我們的普通教育，特殊教育中對於資賦優異學生的輔導也相當著重自主學習能力的培養。德國學者海德倫．斯托格（Heidun Stoeger）教授於二〇一八年歐洲資優教育年會中以「自我調整學習是每一位資優學生需要的」為題進行主題分享。他透過文獻回顧整理自我調整學習的理論與相關研究，提到七個策略包含：自我評估、設定目標、規劃自我調節策略、實踐自我調解策略、監控自我調節策略、調整自我調節策略與成果評估。斯托格提醒我們，在陪伴孩子的過程中，應先了解孩子的特質與需求，練習計畫並透過實際的行動反覆修正，當中包含執行後的檢視與調整。這是一個動態的歷程，與管理學中的戴明循環（Deming Cycle）異曲同工。

在本書中，我們試著從觀念切入，闡述自主學習典範的核心概念，並結合自主學習相關理論，讓家長與師長能對自主學習典範有完整的認識。同時透過實務經驗的分享，解釋自主學習典範的操作方式，提供給大家按圖索驥，讓孩子們有機會養成自主學習的能力。

第一屆循特殊選才升上大學的無界塾孩子曾經和我分享，他覺得來到無界塾最開心的事情是能做自己喜歡的事，學習自己有興趣的東西。如果一定要比較，他認為在這裡受到的干擾少很多。這樣簡單的分享，其中蘊含著重要的訊息。

為什麼孩子會覺得在原本的環境學習，對他來說是一種干擾呢？我們大人不都替孩子著想，希望給他們最好的嗎？或許孩子並不需要我們給這麼多，他們需要的是空間，是成長過程中自由選擇的機會。在他們認識自己的過程中，我們大人到底該扮演什麼樣的角色？我們到底應該做些什麼？我相信你可以在這本書中找到答案。

孩子們的心靈
棲息於明日之處，
即使在夢中，
你們也無緣造訪。
你們可以努力仿效他們，
卻不可企圖讓他們像你。

——紀伯倫《先知》

第1章

學習與教育的本質？

主·筆·開·場·白

本章藉由對「學習」的思辨，重新審視學習者的角色。孩子是學習的主體，自主學習不是一種教學法，它需要整個生態系統的支持。孩子能在自主學習的旅程中成為自己，伴遊的大人們（資深學習者）應該抱持著何種思維和心態呢？

——在理解自主學習前，應該重新理解什麼是學習，什麼又是教育。

教育的主體是學習，學習者才是主體，而教育是輔助學習的一種方式。學習重要的是過程，結果只是整個學習歷程的一部分。自主學習並不是什麼都不做，從傳統的學習典範轉換成自主學習，其實需要做的事更多。是誰要做更多呢？當然是學習者必須做得更多，學習的主體應該要有意識地承擔學習的責任，有能力有策略的架構自己的學習經驗。

過去十多年來，我常鼓勵孩子考零分，這不是在開玩笑，而是希望孩子在學習過程中，跳脫被他人評價的框架，關注學習的歷程，而非只是結果。當孩子能拋開分數的包袱，回歸學習的本質，發掘學習的樂趣，結果通常不需要我們太擔心。

將學習的主動權還給孩子

這是一句耳熟能詳的話，但對於許多大人來說是天方夜譚。大人很多時候會將自己的不信任、不放手，歸咎於孩子不可信任、能力不足。但試著想想，哪一個人在學騎腳踏車的時候不摔跤？就是因為我們不會、不能，才更需要機會練習。我深信當大人願意相信，很多時候孩子的表現是超乎我們預期的。

我也常鼓勵爸爸媽媽要留白給孩子，不要把生活排滿。安排行程前，試著和孩子討論，為什麼要這樣安排？過去當我在和孩子們談時間管理時，孩子們最常表示：「我的時間沒辦法管理！我的時間是我爸媽在管理的！」

剛開始我總認為這是孩子不願意負責任的藉口，但仔細了解後發現，還真是這麼一回事，孩子不是自己的主人，在生活上，只是父母的傀儡，按照父母親的意志生活；在學習上，被動地接收資訊，被灌輸與填鴨。面對這樣的生命狀態，我們能有所期待嗎？**不要忘記，我們的不敢、我們的不信任，可能成為孩子成長過程中的阻力！**

引導與指導的不同

陪伴孩子學習最重要的目的是成為孩子的支持，適時地提供孩子引導，成為孩子生命中的領航員。父母應該避免凌駕於孩子之上，可以陪伴，可以支持，但不需要越俎代庖，你有你的生命課題，孩子也有自己的。過度的保護，可能讓孩子免於承受短期的壓力，但沒有人能替另一個個體承擔所有的責任，也不應該如此。平時有意識的覺察，讓我們更清楚自己應該站在什麼位置。

大人不應該是高高在上的指導者，大人可以成為陪伴孩子學習的資深學習者。對於許多父母來說，常常分不清楚什麼是指導？什麼又是引導？我們可以用這個答案或行動是如何產生的來區辨引導與指導。當答案或行動是個體由內而外生成的，就屬於引導。指導本身蘊藏價值判斷，因為你不好、你不能，所以我把方法告訴你。但引導不是這麼一回事，引導是透過對話與互動，讓孩子練習梳理當下的情境，並從思辨的過程中發展出行動的策略。

有些事沒辦法教，只能體會。練習創造情境讓孩子能透過體驗而習得，在經驗中孩子能有所體會，透過大人的引導，有機會深化經驗對自我的意義。有些事不需要說，說多了就像是在說教，會引來孩子的反感，激起他們的防衛心，也阻斷彼此溝通的可能性。去做就對了！當我們有意識地布置好學習的環境，孩子自然而然可以從中體會到你想告訴他的事。

學習的目的為何？

學習的目的是要讓孩子能有意識地認識自己、有能力理解他人，以及具備解決問題的能力，準備好獨立的面對生活。這樣的概念在《曲老師的情緒素養課》一書有清楚的闡明。簡單的說，學習是需要讓孩子認識他自己是誰，有什麼樣的優勢？有什麼樣的弱勢？對於自己越了解的人，越有機會認清現實，成長過程中父母親要能陪伴孩子更多元的認識自己。

人是群居的動物，自主學習需要讓孩子有能力向同伴學習，甚至要有能力找到自己的夥伴。理解他人的能力對於群學(註)❶的品質有重要的影響，對他人的理解能和他人建立關係，這些社會技巧是需要培養的。

---

❶ 群學指的是和同儕一起學習以及向同儕學習。詳細請參考八十至八十四頁介紹。

傳統的教育太過強調認知性的學習，網際網路蓬勃發展後，知識變得隨手可得，也提醒我們應回歸學習的本質。一〇八課綱強調素養導向的教育，就是希望我們在教與學當中回歸初心。學習的目的，是讓孩子學習如何學習，成為一個有自主學習能力的終身學習者。因為這個世界變化太快，不學習就只能被淘汰。

自主學習是一種學習典範，而不只是學習方法和教學技術

在教育改革的浪潮下，近年來興起許多各種不同的教學方法，這些教學方法對於翻轉教學典範是有意義的，讓課堂變得更彈性與自主，讓孩子們有機會從過往的教育典範中解放。但為什麼我還是強調這些屬於教學方法呢？因為對我來說，自主學習不是一套教學法，而是一種以學生為主體出發的行動。坊間不乏許多談自主學習的資料，大部分仍停留在教學法的思維。

舉例來說，當我們讓孩子學會時間管理，能夠有效的運用時間，能夠有好的自我控制，有紀律的完成學習任務，這只是自主學習其中一種能力。自主學習不只是形式

上的改變，轉換教學策略，讓孩子更好的應用時間，它是對學習認知根本性的改變，絕對不是大人典範，更不是教師典範。

自主學習的焦點不是教師，看重的不是老師該如何教，而是孩子如何學。

我們為了什麼而學習？

常有人說：學習的目的是為了考高分，考高分是為了能考上好學校，考上好學校後未來就能找到好工作，找到好工作之後就會有好生活。實際上真的是這樣嗎？這樣的論述隱藏了很可怕的價值觀，就是讀書的目的是為了考試，因為能在考試得到好分數，也連帶保障自己未來的生活！換句話說，去除考試後，有許多孩子是不學習的。

在教育現場我們常會看到，孩子們不重視不考試的科目，久而久之就連學校也跟著不重視。學習的目的不是考試，更不是要考到好分數。學習的目的是為了求知，是為了幫助自己解決問題。唯有打破孩子的舊觀念，孩子才能重視自己的學習，才有機會體會學習歷程中的樂趣。

臺灣的新課綱符應自主學習典範

一〇八課綱談的是素養導向的教育，希望翻轉社會大眾對於教育與學習的觀念。素養教育著重情境化，強調的是知識、情意、技能的揉和，讓孩子有能力將所學應用於真實生活。新課綱以適性揚才與終身學習為願景，期待能成就每一個孩子，以學生為學習的主體，希望能兼顧學生的個別需求、尊重多元文化與族群差異、關懷弱勢群體，透過適性教育，激發學生對於學習的渴望與創新的勇氣，並善盡國家公民的責任展現共生智慧，成為具有社會適應力與應變力的「終身學習者」。

這些論述都蘊含著自主學習典範的價值，學習不單單是學生的事，而是每個人的事，學習也不會只在學校發生。新課綱試圖打破學習的邊界，跳脫傳統的教育思維，在義務教育期間培養每個人的自學力，為臺灣社會創造能不斷更新的新世代公民，因為無法自主學習就不可能成為一位終身學習者。

在我過去出版的《不孤單，一起走》、《曲老師的情緒素養課》兩本著作中，分別談到管理學的七個習慣，以及社會與情緒學習（Social and emotional learning）的概念〔註〕❷。而十二年國民基本教育的二〇一九年（一〇八）新課綱，本於全人教育的精神，以自發、互動、共好為落實課綱的理念與願景。

所謂自發，是指引發學生學習動機與熱情，學生是自發主動的學習者；互動強調引導學生妥善開展與自我、與他人、與社會、與自然的各種互動能力；而共好則是協助學生應用及實踐所學，願意致力社會、自然與文化的永續發展，共同謀求彼此的互惠與共好。

七個習慣中的**主動積極**、**以終為始**、**要事第一**就是「自發」，在情緒素養中屬於自我意識和自主管理；**雙贏思維**、**知彼解己**、**統合綜效**是「互動」，也是情緒素養中的

❷ 社會與情緒學習的內涵包括自我意識、自主管理、社會認知、關係技巧與負責任的決策五個面向。在《曲老師的情緒素養課》一書中有完整介紹。

社會認知和關係技巧；「共好」就是負責任的決策，在做任何決定前應考慮他人，而不僅是考慮自己。第七個習慣是**不斷更新**，則提醒我們自主學習能力和終身學習的重要性，因為終身學習者是需要不斷自我精進的。所以，不論是管理學中的七個習慣，或者是情緒素養，都和我們的一〇八課綱無違和感。

自主學習應該要創建一個生態系

一個人的行動與自我的相信有密不可分的關係。大人應該時時刻刻反思：我相信什麼？什麼是學習？什麼又是教育？我理想的教育是什麼？陪伴孩子時應該從問題意識出

什麼又是教育？
我理想的教育是什麼？
什麼是學習？
我相信什麼？

發，從孩子的需求出發。這樣的辯證歷程應持續發生，大人應該不斷提醒自己：不是我覺得孩子需要什麼，而是孩子認為自己需要什麼。

我知道這樣說，一定會讓許多父母感到困惑，甚至批判。孩子怎麼可能知道自己要什麼？他只是一個孩子！但就像畢馬龍效應（註）❸所述，「當你相信你的孩子是什麼樣子，他就很有可能朝你相信的方向發展」。從事教育輔導工作這些年，陪伴我的孩子開啟我對於教育的視野，當我靜下心來傾聽，陪伴的過程讓我更清楚自己該在哪些方向上著力。

學習者本身就是素材，教學者要成為好的學習工具，教與學互為主體。而真正能落實以學生為本的教學有多少？許多時候似乎不得不和現實妥協，出現折衷模式，「以學生為主體」似乎成為遙不可及的理想，甚至口號。

---

❸ 畢馬龍（Pygmalion）是古希臘神話中一位精於雕刻的國王，他塑造了一座美麗的少女雕像，並將其視如真人，立誓要與之長相廝守，最後終於感動了掌管愛與美的女神，使雕像少女變成了真人。畢馬龍效應（Pygmalion Effect）在教育領域通常指的是自我應驗預言，是指教師的期望對學生發展產生的影響。

先撇開困難、挑戰和限制不談，教育的目的不單單只是讓個體有能力融入群體，更重要的目的應該是讓孩子知道自己是誰，讓孩子可以成為他自己。而在教育現場，很多時候仍然會看見追求集體目標的迷思，每個孩子學著相同的科目、相同的進度，用一樣的評量方式，以及被排名。

這是過去我們熟知的大環境。我們有沒有能力跳脫大環境的束縛？我認為是有的，因為終極的自由存在於每個人的心理狀態，「不論我身處什麼樣的學習環境，我都有能力追求自己的學習」。但我們也知道，如果不順著大環境的方向前進，個體需要承受比其他人更多的辛苦。

陪伴孩子養成自主學習能力的歷程，是一種學與教的交融。

教學方法論根植於哲學觀，思想的形成源自於持續與孩子互動及反思。當一個大人內外一致，表裡如一，才能展現力量，因為我們都知道，教育最重要的是身教，當弄明白這個道理後，孩子與我們在一起，無時無刻都在學習。無論如何，在這樣的脈絡中，學應重於教。學習者本身就是素材，教學者要成為好的學習工具，教與學互為主體，到底誰在教，誰在學，過程中其實並沒有明顯的邊界。

改變一個生命需要系統性的思維，單純對個體施力是辛苦的，自主學習能力的培養，需要有意識、有技巧的擾動重要他人，重建一個生態系，生命便得以滋養，這會是一場很過癮的自我辯證。

第 2 章

從傳統公共教育典範
走向自主學習典範

主・筆・開・場・白

在上一章節，我們談到了學習的主動權屬於學習者。而在本章節中，我們以更加巨觀的視角，談談「傳統公共教育」是個怎樣的系統？為什麼在這個系統下，學習者的主動權、主體性並不容易被看見？如果要跳脫傳統公共教育典範帶來的桎梏，我們應該以何種思維方式、溝通合作方式，以及學習方式取而代之？

——學習是人的本能，但如果沒有學習者的主體性，學習便不會成立。

在各項本能之中，「學習」是人類非常厲害的能力之一，可以說憑藉著這項能力，人類才有辦法從遠古生存到今天，建立文明，支配幾乎所碰到過的一切環境。而晚近的人工智慧發展，就是科學家模仿人類的學習能力，建造出有真正本事的電腦。

以前科學家要訓練電腦認出照片中的狗，總是會定義一些規則：有頭、身體、四隻腳、一條尾巴，而且以一定的關係連接；有皮毛、皮毛上可以有各種花色（花色之多，科學家就難以窮舉）；結果電腦碰到新的、和過去給過的「狗定義」不全像的狗照片又認不出來了。後來科學家用「多層的類神經網路」，給電腦看幾萬張狗照片，讓電腦自己去發展狗的定義，之後電腦就能真的學會辨認狗，即使照片中的狗模樣是電腦以前沒有看過的，它也能認出這是一隻狗。至此，AI才發展出真正「認狗」的本事了。（如下頁圖示）

科學家手上的AI、家中的小孩、學校裡的學生，都是「學習者」，如果不讓學習者去體會大量的經驗，由學習者自己主動地去發展「定義」與「策略」，那麼學習便不

1. 告訴電腦，狗的定義是細尾、長腿、有眼圈。

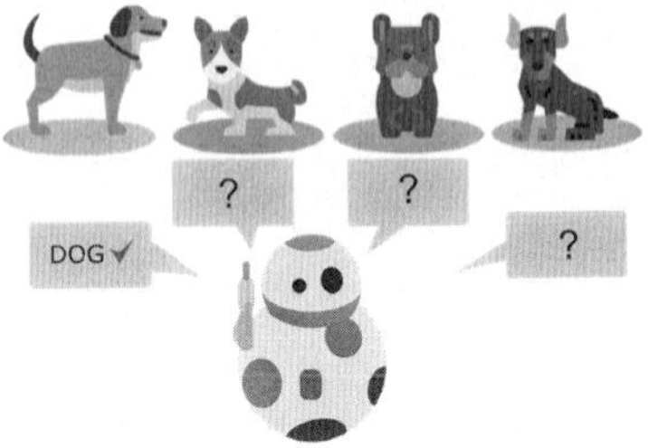

2. 標準狗，電腦會認；不標準狗，電腦打問號。

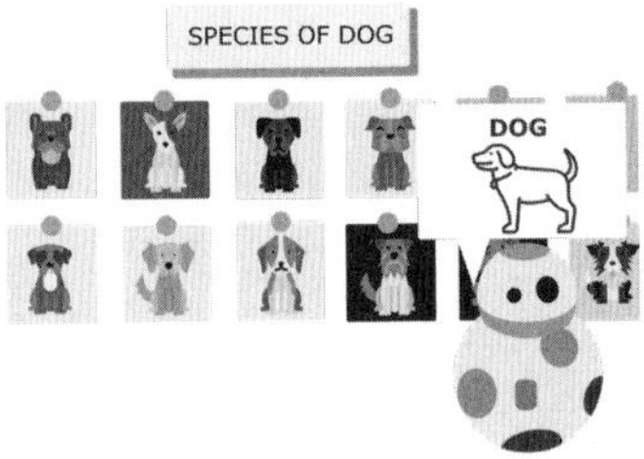

3. 給電腦看大量狗的照片，讓它自己發展狗的定義。

4. 即使是路人的狗，電腦都能認出。

AI如果沒經過「以自己為主體」去歸納和定義，學習便不會成立。灌輸知識給它並沒有用。

會成立，學習者不會長出對付問題的能力。也就是說，剝除了學習者的主體性，由大人去告訴學習者規則，讓學習者套用規則去應對問題，這一種學習模式，很快就會碰上規則沒涵蓋到的情況，學習者應對問題時，不是出錯，就是無所適從。從以上的例子，我們多少能夠理解：

⑴學習是人的本能，生來就會，而且一輩子都會。人腦中的學習功能，是靠多層的類神經網路達成的。這種神經網路結構，本就是大腦的組織原則。

⑵學習並不是「灌頂」，把一堆規則「灌頂」進去沒有用，灌頂進去的知識或技能，在碰到和規則不完全相符的狀況時就不靈了，就不會了。

⑶學習的過程中，學習者主體性無比重要，沒有學習者的主體性，其實學習就不會成立。

教育系統和社會組織結構緊密鑲嵌

自古至今教育有許多種樣子，而某一個時代，某一個社會，教育會長成什麼樣子，其實與那個社會的主要組織、原則相輔相成。

例如中國古代社會，士子教育選擇教儒家而不是墨家，是因為讀書人篤信儒家，然後透過科舉為官，幫忙朝廷統治天下，這樣子培訓出來的人才，能夠安定當時的社會秩序，符合當時的國家治理需求，並不是因為儒家的思想和經典比墨家的高明。

只是世人容易有一種錯覺：自小看慣的，就會覺得「天經地義」，「理應如此」。源自於三百年前普魯士，繼而流傳全世界成為主流的「傳統學校教育」，僅是恰好和過去三百年來盛行的「科層暨市場體制」（請詳見六十七頁介紹）完全契合。但是因為大多數的同胞與世人是這一套教育體制養大的，所以自然而然覺得「教育理應如此」，天經地義。

這樣子想，卻剛好妨礙臺灣社會與教育進一步發展。在網際網路發展略微成熟之後，網際網路改變了教育的「核心提問」，而科層暨市場體制走了三百年，造成了全球暖化，也不得不改弦更張，必須走向「互聯共生網絡」型的人類社會。在教育體制與人類社會雙雙需要「升級改版」之際，改變教育，改變人類社會，才是真的「理應如此」。

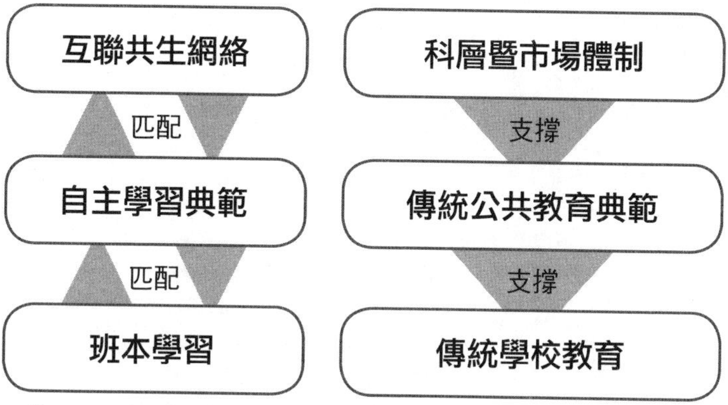

兩種社會組織與其教育典範的對照圖

過去十年，臺灣開始有了實驗教育的發展，過程中，先有行政命令上的包容、正式立法保障，近期政府更透過補助加以扶持，讓我們看到了和過去傳統學校教育很不一樣的「自主學習典範」下的教育模式。而透過自主學習典範教育的實踐，證實傳統學校教育並沒有比這些自主學習典範更「理應如此」，更天經地義。相反的，自主學習典範教育剛剛好得以匹配下一個階段互聯共生網絡型的人類社會，更應該橋接到公共教育系統裡才對。

有人會問：「說那麼多有什麼用？傳統學校教育就是和盛行的科層暨市場體制相契合呀！用傳統的學校教育培養出來的人，就是比用自主學習典範培養出來的人更能適應這個社會啊！」這

科層

特點：職掌明確、辦事準則固定、介面簡單

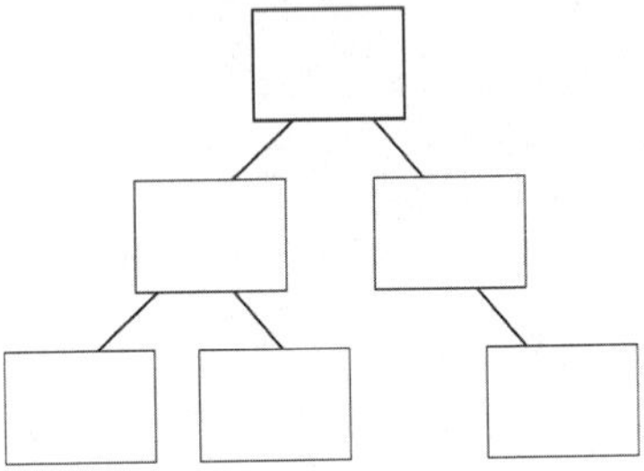

6 位成員，5 組關係；若改為工作圈，6 位成員會有 15 組關係。

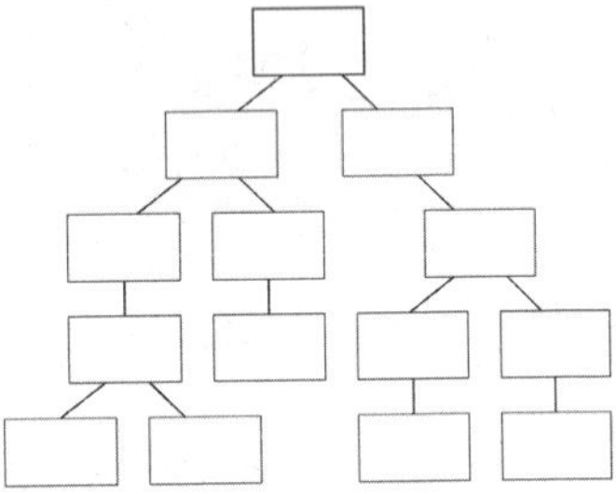

14 位成員，13 組關係；若改為工作圈，14 位成員會有 91 組關係。

工作圈

特點：共識、協商分工、允許想新辦法

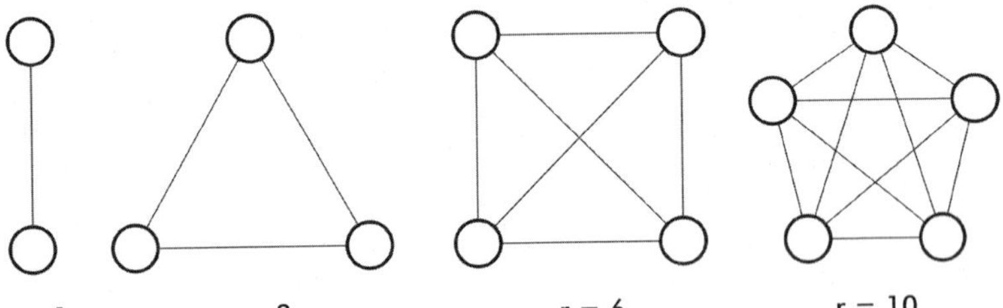

工作圈中關係數量隨成員數目急速增加。

工作圈、科層隨規模增加，運作成本增加情形不同。成員人數相同時，工作圈成員關係數量增加比科層快很多。（※ r＝relationships，指關係數）

種想法在未來如果要繼續可行，得有個大前提，那就是：人類與臺灣社會未來四十年的樣子，基本上就要是過去社會運作的樣子。在未來什麼事都有可能，但就這件事最不可能。

何謂「傳統公共教育典範」

本書所稱的「傳統公共教育典範」，指的是自腓特烈．威廉一世（德語：Friedrich Wilhelm I）於一七一七年在普魯士實施全國小學義務教育以來，逐漸傳遍全世界的學校教育系統。

過去三百年，不止教育有全球近似的典範，國家治理也有一套相近似的制度：立機關、清戶口、明地政、修道路、興實業、通貿易、設學校。全世界的國家有兩百多個，雖然信的教不一樣，有沒有國王不一樣，專制還是民主可能也不一樣，但底層的治理機制卻差不多，都是以化石能源為經濟的基礎，同處於一個國際市場網絡中，也都使用上面提到那一套政府治理工具。學校教育系統，當然是在幫科層體制、市場經濟打基礎。大家沒發現嗎？學校一方面很像畫一且大量生產的工廠；另一方面，學校中的人際關係又很像科層化的政府機構。

舉例來說，政府會分總統、行政院／國會、地方政府／地方議會；行政院會分院、部、署；部裡面會分部長室、各司，下設各科。這些是「設層」。同樣行政院內部會設內政部、教育部、國防部……，彼此同級平行；教育部內部會設綜規司、高教司、技職司……，彼此也同級平行。這些是「分科」。「分科設層」就是科層體制的最大特徵。大公司其實也差不多。

學校呢？有一個校長室，下設輔導處、教務處、學生事務處、總務處；處下面設各組，如教務處下設註冊組、教學組、資訊／設備組，其他處室也類似。不但各校均是分科設層，而且幾千所學校分科設層都大同小異，格式化得相當徹底。將學校高度格式化，也是為高度格式化學生做好準備。

整個政府、公司、工廠、學校長得都像個金字塔，金字塔的下層得服從金字塔的上層。政府通常用GDP成長多少來評價，公司通常用賺多少錢來評價，而工廠則通常用產量多寡、成本高低、良率如何來評價。

在科層暨市場體制下的傳統學校，其實就是一種另類工廠，學生既是原料也是產品，一節一節國、英、數、社、自的課，是一道一道的加工流程，灌進去一份一份應試答題用的專屬知識。

所謂「典範」，是指在一個體系中的人們，彼此用類似的技術手段做事，用類似的原則組織團體，而後台則用相同的價值觀整合這兩者。過去三百年的人類社會漸漸整合到一個跨國系統當中，這個體系最凸顯的兩樣特色：一是以化石能源為基礎的市場經濟；另一是「科層組織」。三百年後的今天，這個系統成為人類社會最盛行的體制，我把它簡稱為「科層暨市場體制」，而傳統公共教育典範則是這個體制非常核心的構成部分。

什麼是以化石能源為基礎的市場經濟，我們會在下一章〈開門辦教育〉中說明，在這裡我們先稍微談一下「科層組織」。科層組織雖然古老，但如此盛行也不過是近三百年來的事：政府使用科層組織，軍隊使用科層組織，跨國大公司也使用科層組織。當然，傳統公共教育典範下的學校，自然也是科層組織，這是給社會建造未來組織的基礎。

「科層」（bureaucracy）是指分科設層，這種組織有以下幾個特點：

(1)組織在橫向上分很多科，縱向上分很多層，可以在這兩個維度上發展得很大，甚至組織起幾百萬人。

(2)組織內職員的地位，依照等級劃分。下層對上層負責，服從上層命令，受上層監督。上級對屬下的指示與監督，不能超過規定職能的範圍。

(3)每一層、每一科、每個工作崗位，都有明確的工作職掌。根據嚴格的分工制度，做超過工作職掌範圍的事——犯規；工作職掌範圍內的事沒做——也犯規。

(4)事情該怎麼做，有規章制度規範著，用自己想出來的方法做，而沒有照著規章制度上的方法做，還是犯規。

(5)業務職掌和做事的規章制度，都用「文件化」的方法，寫成章則，犯不犯規一清二楚。

有的讀者讀到這裡，可能就會有疑問：這有什麼不對嗎？把科層體制視為理所當然，是因為科層組織在我們生活中太盛行了，盛行到我們容易忽略還有其他可採用的社會組織方式。凡是組織人群，都需要「立約承責」，但立約承責可不只有科層組織這一種辦法。舉例來說，工作圈（Work team）模式也是很常被人使用的一種組織方式。

以下用一個簡表來對照這兩者：

工作圈	科層
成員協調工作	分科設層，明訂職掌
成員創造力、士氣好，表現皆較好	成員易僵固、受挫、等因奉此
實體➜運作成本隨人數增加而指數增加 線上➜運作的固定成本穩定，邊際成本小	運作成本隨人數增加而等比例增加
隨大規模點對點溝通工具發達而規模得以擴大，並且運作得更成功	隨大規模點對點溝通工具發達而缺點畢露
人的大腦只能大約熟識 150 人左右，還要分配給不同的人際圈	

對傳統公共教育典範的反思

在傳統公共教育典範下，人類文明到達了新的里程碑：政府讓幾乎每一個人民都有書念。這一點對人類社會而言極不容易，歷史上也從來都沒有哪個政府曾做到過。

但凡事情都有兩面，這套典範的功德與優點說完了，接著講反思。反思傳統公共教育典範的人當中，做得最好的是伊萬・伊利許（Ivan Illich）。他在一九七一年寫過一本書叫《非學校化社會》（*Deschooling Society*），書中指出這套傳統公共教育典範下的學校教育，經過長時期發展之後，衍生出「儀式化」、「偏離生活實踐」與「複製社會支配關係」等等毛病。

「儀式化」指的是學校發展了一套流程，這套流程是當學生做完了A、B、C、D步驟，學校就「認定」學生習得甲、乙、丙、丁等知識與技能。執行方式通常是：依課本上課➜寫作業➜通過考試。後來許多教育的實證研究證實，其實學生完成了這些儀式後，並沒有真正學會相關的知識和技能，只是看起來像學會了，同時也經過學校「認證」他們學會了而已。

「偏離生活實踐」指的是傳統學校教育在學生的大腦中建立了兩種模式：課室模式與生活模式。進教室就使用「課室模式」來因應作業和考試；踏出教室，大腦就切回「生活模式」，把用來因應作業和考試的知識與技能留在教室裡。

以上這兩種毛病，凸顯出傳統學校教育的一個大盲點：故意把「學過」當成「學會」，而且還加以認證。學校關心的是學生有沒有通過考試，而不是在生活情境中，學生能不能應用。

而「複製社會支配關係」指的是學校讓學生成為文化（或知識）工業的消費者，他們受到社會「政治經濟」結構的操縱和宰制，學校教育則是維護現存既得利益的控制性工具。這一切當然從習慣科層關係開始。

注意！伊利許批判的不是哪一個國家教育的缺失，而是批判整個傳統公共教育典範下的學校教育本身。他所提出的解方也不是建立一些私塾，讓人民可以躲開學校教育，而是恢復學生自主的學習能力，使教育不再受學校的桎梏，用「讓人民從網絡中學習」取代「讓人民在學校機構中學習」。

伊利許強調**良好的教育制度**應符合三種條件：

(1)讓所有想學習的人在任何時間都可以找到教育資源。

(2)讓所有有能力的人，都可以傳授他們的知識給那些想學的人。

(3)鼓勵所有想對社會大眾提出問題的人都有機會表達他們的意見。

教育資源的提供，應該要讓所有的人都能夠分享。在廢除了現有的公立學校之後，可以透過網絡的方式，將有價值的經驗傳播給所有想學習的人。而伊利許提議的四個網絡是：

❶教育用品網（reference services to educational objects）

教育用品去標籤化，去金字塔化，就是生活中在用的物品。這樣能消除資本主義大廠對製造、修理知識與技能的壟斷。

❷技能交換網（skill exchanges）

讓有技能的人成為技能教師，每位國民持有基本額度的學習券（或貸款），可以付給技能教師。

❸夥伴選配網（peer-matching network）

本質是一種透過網絡來媒合的同好俱樂部。

❹教育諮詢網（reference service to educators at large）

其中又包含「教育管理者」、「教育顧問」、「教育指導者」（幫學生克服困難）。獨立教育工作者興起，家長參與教育工作盛行。

其實伊利許的倡議中已經有了今天自主學習典範的某些雛形。可惜當年可以依賴的技術基礎，僅有電腦＋電傳打字機＋人民可「自造」的三輪小機動車而已（每台成本造價一百二十五美元）！

如果公共教育按照伊利許當初的構想操作，教育變成人民可以參與、可以自行打造的事情，那麼政府將無從壟斷，也失去「複製社會支配關係」，用以維護現存既得利益的空間。再者，學習和生活在內容與人際關係上合一，也不會產生學習儀式化的現象。然而棋差一著，當時還沒有網際網路，使得伊利許讓人民從網絡中學習的設想難以實現。

細看傳統公共教育典範的師生不對稱性

傳統公共教育典範本質是「會的『老師』教不會的『學生』」，教人的老師必須高高在上，被教的學生必須低低在下。形成這套典範，有其社會背景，主要須靠以下幾件事：

一、**傳播工具比較原始**。正確的知識和技能，除了上學，不容易從大眾傳播或社群網路中取得。相較之下，老師不把他會的知識和技能教授給學生，學生端遭受到的損失會比較大。

二、**生師比很大**。一位老師同時要教很多位學生。成為老師的條件被法令框限住了，只有通過合法認證的人才能取得教師資格，其他不論是獨立教育工作者或學生的父母參與教學，都被視為「非正式」的，少量、補充性質的。這一點對鞏固傳統公共教育典範很重要，控管教師的數量，成為形塑教師權威的方式之一（不是每個人都有資格當老師，要考上的才可以）。另外，只要生師比很大，教學現場就需要一套管理技術來管學生，即使你真心要搞師生平權，也會是表面的、假的。

三、**社會比較金字塔化，等級森嚴**。這個時候，學校就成為複製社會支配關係的起點。為此，學校會需要一套儀式來鞏固尊卑，如「起立、敬禮、坐下」。大陸演員間互相尊稱為「老師」，即是運用老師身分較高的社會心理慣性。

四、知識、技能的折舊比較慢。可以由體制訓練一批職業的老師，然後使用同樣的知識、技能教很多年，甚至用到整個老師的職涯結束。在此過程中，不管老師本人是不是一位好的「學習者」，他「教學上」的內容價值與技術價值，都不容易隨時間流逝而貶值。

有了這些社會背景，傳統公共教育典範中，師生之間不對稱的位置與權力關係便能成立，讓老師可以從容去布署：

(1)將學生「格式化」，以對得上老師「畫一」的教學。
(2)讓老師或老師的上級可以決定課程目標，選擇教學內容。
(3)由老師決定每堂課的教學目標，決定教學節奏與活動內容。
(4)布置作業，確保學生有一定的練習強度。
(5)布置「診斷性評量」，確保學生有「聽」他教。

(6)布置「檢定性評量」，評價學生是否達到「學會」的「儀式性定義」。
(7)布置「選拔性評量」，激勵學生的學習動機。
(8)處罰學生，以維護課堂紀律，讓聽課、作業與評量得以有序進行。
(9)大規模備妥畫一性教學後勤，於是有教科書、課程標準、課程綱要、設備基準……等制度。

看到這裡，那個「不然咧」的問號又會過來了。請跳開框架想一想：臺灣同齡的兒童，每個年齡層可能有幾十萬人，他們天賦不同、家庭背景殊異、樣子十分的多元，而這幾十萬同齡兒童可以在二〇二一年九月到二〇二二年二月之間，學習一套近似的內容，是不是有一點奇怪？

這種教學模式在成人教育的領域中，幾乎是不可能的事情。要化這種不可能為可能，整個社會要施加多大的力道，去將這幾十萬同齡兒童的多元特質「格式化」？兒童年齡小時還不算那麼神奇，但是這種操作，我們要操作到他們十五歲，即便到了十五歲至十八歲之間，我們也只將他們之前的同一套，放鬆到同三套。當然第三套的技術高中，我們讓學生有較多的群科（十五群八十幾科）可以選擇，但是教育內容的

「不多元性」和學生與社會的「多元性」之間差距還是太大。

後面幾節我們會慢慢談到，傳統公共教育典範據以生存的社會背景正在改變，此處先討論單單師生之間的這種不對稱性，對教育產生「異化」的問題。

首先，把學習者的「高度」壓得太低，學習會儀式化。學習者會做出「學會」的樣子，演出學會的儀式，其實未必想學，也不一定有學會。

其次，學校會複製社會的權力支配關係，妨礙社會演進。近的說，就是妨礙臺灣社會「去金字塔化」，無法走向真正的多元社會。

第三，老師對學生的評價，比「事實」更加強橫得多。老師對學生的肯定與貶抑影響都太大，遠超過「剛好」的程度。

第四，老師聯手「體制」對學生進行「選拔性評量」，讓學生之間進入「無效益的對耗」（Involution，大陸翻譯為「內卷化」）之中，學生的能量為了彼此比較而不斷被消耗，能力卻沒有真正的增加。

第五，產生了老師在金錢和感情方面較強的索要潛力。例如，在臺灣民主化之前，「養鴨子」（要學生到他家補習）幾乎是多數學校老師的副業。

由於網際網路的發展，臺灣正朝向多元社會演變，加上人類社會為了因應「生態災難」與「科技顛覆」，正由垂直整合走向水平整合，假使學校教育繼續沿用傳統公共教育典範的做法，會出現很大的問題。為了打造一個合適的公共教育體制，我們需要把學校教育橋接到自主學習典範的方向上面去。

☀ 簡介「自主學習典範」

（一）自主學習典範的核心元素

首先要請大家理解：

> **自主學習不是一種教學法，而是一整個生態系。**
> **實踐自主學習典範的第一要訣是：提高學習者的高度。**

傳統學校金字塔化的組織結構，會讓「有高度」的位置成為稀有資源，然後就沒辦法讓大多數人都看高自己。所以，「金字塔化」是自主學習典範中要盡量避免的組織樣態。

如果能做到提高學習者高度這一點，在自主學習典範之下，學習過程會如江流而下，阻力很小。但如果不能做到這一點，學習過程會如逆水行舟，步步艱難。

參考過去十年臺灣實驗教育的經驗和現場實踐，分析自主學習典範的核心元素如下：

❶**自主學習**：是指要盡量讓學習者參與到對其自身的學習治理中，更多地主導自己的學習。而由於這是整個典範的基礎，所以兩岸的同行就將這個學習典範的名稱，暫時稱之為「自主學習典範」。

❷**無界學習**：學習的場域，不以教室為範圍，將整個世界都當成「沒有屋頂的大學校」。如果一個學習活動，同時能兼顧到**移地**、**群**

自主學習典範的四項核心元素

學、**學習者策畫**三個要素，我們就把它稱為「行動學習」。但並不是所有的無界學習都是行動學習。

❸**群學**：學習夥伴間能互補特質，進入到討論模式，由「加法協作」進展到「乘法協作」〔註〕❹，引發彼此間的共振，我們稱之為「群學」。這一點要和傳統公共教育典範比較才會明顯，留待後面再做進一步說明。

要撐起群學，就得仰仗夥伴間「我為人人，人人為我」的態度，也需要大家遵守「立約承責」的精神，所以群學是公共性教育的起點。通常工作圈模式會比科層組織適合於推動群學。

❹**生活實踐**：前三個元素都必須以「生活實踐」為底色，學習活動盡量以生活中的現象與物品為材料，學生能動手做的就交給學生自己動手做，知識、技能以能應用於生活中為「學會」的判斷標準。

---

❹「加法協作」指共同產出，由群內成員貢獻後簡單彙整混加，同群夥伴沒討論也行。「乘法協作」指產出如未經群內夥伴討論，質變即無法形成，夥伴間有「共振」發生。

當然，在生活實踐上，學校的大人們也必須和學生一起來實作，一起自主學習，不能只當「外銷派」，專門外銷大道理給學生實踐，自己卻不必實踐。

群學是自主學習典範中最難把握的元素，卻也關係著整個自主學習的成敗。為什麼呢？我們必須對照「傳統公共教育典範」與「自主學習典範」不同的人際關係，才容易明白它的意思。

◎傳統公共教育典範下的人際關係

1學生甲、學生乙、學生丙、學生丁分別和老師建立「師承關係」。

2不同同學在同一時間通常進行近似的動作。

3老師對各個學生進行統一教導。

4老師對各個學生發布作業並批改作業。

5老師對各個學生進行評量，並進行橫向比較。

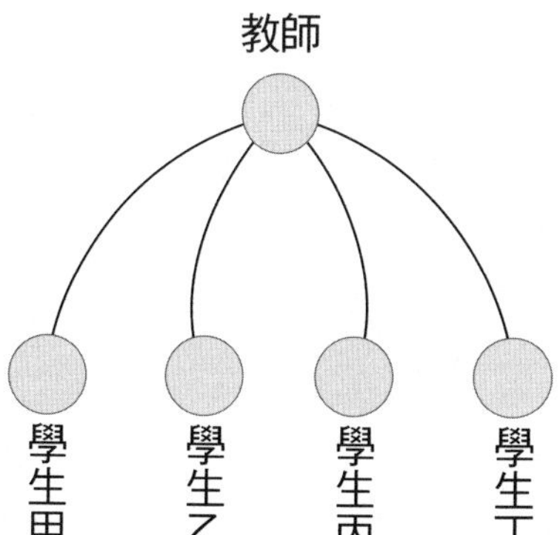

「傳統公共教育典範」師生關係圖

6 在每一位學生與老師建立一對一的學習關係下，學生個人「不學」，通常只會影響自己的學習與學習表現。

◎自主學習典範下的人際關係

1 老師通常把自己融入到共學的網絡中，成為「群學主體」中的一角。

2 全部師生會進入「討論模式」，必須先把自己想法打磨到夥伴聽得懂，彼此才有辦法合作。

3 群學主體中的成員特質會互補。

4 同一時間成員常進行平行操作（分工合作）。

5 成員之間會共振，只要正能量略大於負能量，整個學習就會螺旋攀高到新高度。

6 一個成員「不學」，通常會變成負能量，若無法中和，群學主體會瓦解。

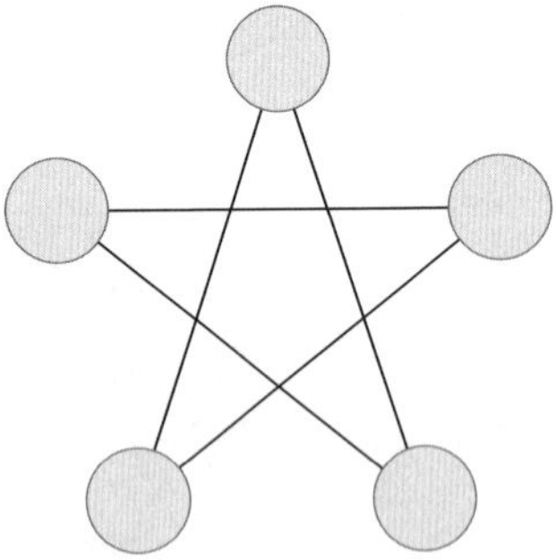

「自主學習典範」師生關係圖

由於夥伴間的共振現象，群學常常能讓學習者的學習成效，達到用傳統方式學習難以企及的高度。但是成員間彼此互相影響的結果，也使得群學組織的運作，非常仰賴群學主體中正、負能量的平衡。

學生在群學過程中，會同時學到公共性的重要，因為整個群學主體，一榮共榮，一損俱損。好事會共振，壞事也會共振。有別於傳統學習模式，群學關係中個人對學習的消極態度，不只影響他自己，也會強烈影響群學主體中的其他人。為了讓大家更容易明白，以下舉兩個例子簡單分析：

【例一】某次行動學習，大家要一起建置一個主題網站，負責架設網站的甲同學花很多時間學，把網站banner做得很美觀，各種功能都實作出來，這樣建置網站的任務能不能完成，甲同學的努力到底有沒有用？（不一定有用！只要有一位同學擺爛，分配到的景點照片都不拍不上傳，文字介紹也不寫，整個網站看起來就是破破爛爛的，甲同學和其他認真的同學就會覺得自己的苦心白費了，汗水白流了。）

【例二】丙同學負責參訪策畫，帶領著全班同學蒐集資料、討論、聯絡參訪單位，最後安排了公共電視和防災科學博物館的參訪行程，是不是聯絡準備周延，活動內容

精彩，大家感覺就會圓滿？（不是的，如果有人臨時沒來，丟包他的活動，不只大家心裡會有一個空洞，下一次換其他人辦活動時，可能會有更多人抱持著無所謂的態度，丟包別人的夥伴也會變得更多。）

所以，群學主體總是會變成這樣：有人會丟出一些負能量（無所謂、抱怨、找麻煩……）到整個群學主體，而群學主體中也會有人提供正能量（溝通、協調、願意多做一點……）來中和這些負能量。只要中和之後，還有一些些正能量剩下，整個群學主體就會螺旋向上發展。但是如果中和之後，是負能量比正能量多一些，哪怕剩下未中和的負能量不多，整個群學主體就會螺旋向下發展。所以說**群學需要每個群學主體中的成員，對其他人都要有一種「我為人人，人人為我」的態度**。

這當中自然可以加入很多有經驗的安排來降低風險，例如：在整個群學主體中形成一個較小的「不愛計較工作圈」，任何時候都會放出正能量來中和負能量，讓負能量沒有太多累積的機會。又如：設計群學主體的規模，使其大小適中，運用大群包小群的套嵌結構，貫徹立約承責的精神，群體內萬事講真的、玩真的，讓群體從共同利益開始，但卻靠彼此相挺走下去，大家共同承擔群體瓦解的責任……等等。

（二）重新定義「學習」與「教育」

為了釐清自主學習典範的本質，我們有必要重新回頭檢視「學習」與「教育」的定義。

自主學習典範並不是只有在臺灣發展，在大陸也有很強的發展。大陸不可能將高中普及到全國各處，因此在制度上必須允許人民年齡到了就可以報考大學，毋須高中文憑。所以小學、初中、高中沒有念體制學校沒有關係，只要能出國或考上國內大學即可。這個背景，就導致大陸在過去六、七年間湧現了一波體制外教育，其中有一部分，走的就是自主學習典範的路子。

於是，兩岸一些從事以自主學習典範為辦學方向的體制外教育，就一起討論出下方關於「學習」與「教育」的定義。

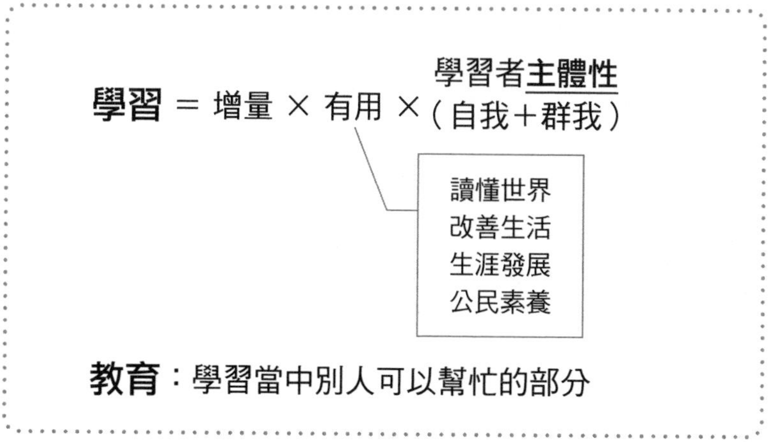
學習 ＝ 增量 × 有用 × 學習者主體性（自我＋群我）
讀懂世界
改善生活
生涯發展
公民素養
教育：學習當中別人可以幫忙的部分

#學習的定義

我們先談學習的定義。「**學習**」由三個部分構成：**增量、有用、學習者主體性**。**三者有一項為零，學習就為零**。

如果學習沒有帶來增量，那學習的效果就為零。有時「增量」是一種醞釀，表面上看不出來，但醞釀累積得夠了，學習者在能力與氣質上的不同，才能被觀察到。但是如果連醞釀都沒有，真的就只是從事與學習無關的其他活動了。

但有了增量，不見得就有學習。例如補習班刷題的應試教育，增量是很明顯的，答對的題目每週都在增加，但是這些背下來的答案，一旦考完試之後，大家就準備把它拋諸腦後。它們無益於我們更加能「讀懂世界」、「改善生活」，長期而言也對於我們的「生涯發展」沒有幫助，甚至對我們為自己的社會立約承責，扮演好公民的角色（具備「公民素養」）也沒用。那這種增量就是無用的增量，這種學習就是「偽學習」，這種教育就是「偽教育」。

自主學習典範下對「學習」的要求，比過去還稍微嚴格一點點，它還需要學習者在學習中展現出主體性，或者是學習者基於喜愛的選擇，或者是學習者參與到了學習的治理，或者是學習者領悟到新洞見的喜悅。如果這些一點都沒有，整段學習歷程只是別人以「我為你好」的名義，硬灌硬塞給學習者，就像本章一開頭那個電腦學認狗照片的例子，這些硬灌硬塞進去的東西，十之八九會被學習者用錯。

「學習」靠硬灌是不行的，得靠學習者參與到建構能力的歷程中。

這個道理，訓練人工智慧的科學家是懂了，但大多數人還是不懂。

另外，**學習活動應該以學習者的福祉為中心展開**。然而對一個人來說，什麼是福祉的認定十分主觀，如果我們貿然承認，有人可以不需要經由當事人參與，建構屬於他自己個人的福祉觀，甚至在罔顧當事人的意願下，強加福祉觀到某個人身上，那麼這個社會將會演變得十分可怕，可能發生當事人明明感到很痛苦，但有權力的人卻可以說「他其實很爽」的情形。

因此前述關於學習的定義，除了有區別學習與偽學習的效果之外，還有「倫理」上的正確性。據此「反教育」就是：打著為學習者好的名義，但卻剝奪學習者本身對

「意義和價值」的感受，以及認定的權利。

直接斲傷學習者的主體性時，學習應定義為負值；漠視、忽略學習者主體性者，學習應定義為零值。這種關係經常發生於父母與子女之間。父母強加自己的幸福觀到子女身上，明明搞得子女人生很痛苦，或者搞得子女變成飼料雞，父母卻自認為「父母之愛子，則為之計深遠」，已經為子女鋪平了以後人生的道路。同樣地，學校老師經常是過去應試教育下的勝利者，自己過去考高分才會覺得幸福，也覺得自己逼迫學生追求高分，就是在為他們謀福祉。

回到本章開頭AI學認狗的例子，如果不讓學習者主動去發展自身追求幸福的定義和策略，而是硬灌給他大人「幸福的定義」，他所掌握到的「福祉觀」就會單薄而狹隘，以之應對人生，必將錯過太多。

必須特別提醒的是：**學習者主體性的「主體」，除了「自我」以外，同時也包含「群我」**。因為人有群性，人這種存在，除了是他一身器官的集合，還有他與其他人共構的「群我」成分在。剝離掉「群我」，人也就不再是完整的自己了。平衡狀態下，個體我與群我應該互為主體。

什麼是主體？

主體意指本身即有意義和價值，需要被尊重，不只是完成某些目的的工具，為了更好的達成目的，可以被貶抑、踐踏和無底限的利用。群體中的每個個體是一個個主體，而不只是被夥伴利用的工具，也不只是達成整個團體榮譽或利益的工具。**群體中的每個個體，都應該相互承認彼此的主體性**。

群我也是一個主體，有自己的意義和價值，可以被愛、被尊重，而不只是方便大家為共同利益合作的「一套假想」。它多於所有成員主體簡單的相加，所以才能引發成員間彼此共振。這一點需要個體成員對「群我主體」的存在有共識。

當個體我與群我互為「主體」時，又會回到「人人為我，我為人人」的狀態裡。

國家社會是我們常見的群我，家庭也是。在教育中所培養的健康群我關係，應該是：國家社會和我們個人互為主體，家庭和我們互為主體。而不是狹隘的國族主義，或一味要求個人為家族榮耀犧牲。這一點，更可以看出在公共教育中導入自主學習典範的重要性，下一代在自主學習典範下會學到：如果一味自私自利，他的小群會在「任務驅動式的課程」中不斷失敗；而群我太大，淹沒個體我，群我即使成功，也不會成就成員們的成功與昇華。**只有群我與個體我互為主體，才會是群學模式下的最優解**。

#教育的定義

如果我們真的要落實「學習者才是教育的主角，而不是教學者或教育體制的治理者」，那麼學習的定義就必須先於教育的定義，讓教育的定義依存於學習的定義，而不是反過來。

透過學習的定義，有一些學習可以藉由內觀或自省，就可以得到增量，並且用來改善自己的生活，例如獨自打坐。但是有更多的學習，是需要和別人有所互動的，因此我們就將「**別人幫得上忙，又能依學習者主體性，得到有用又能增量的活動**」，定義為「教育」。

所以在自主學習典範下，教育是一種助人活動。教育既是一種助人活動，就應該和另外兩種助人專業（心理師與社工師）協力分工，同時幫助人改善學習生態，解開心理糾結，引介能協助家庭的資源，才能真正幫到學習者。這樣子一想，馬上就打開了「同村共養」教育這條新的道路。

不過，雖然幫人是好事，所有助人活動還是需要注意三個陷阱：

⑴**依賴**：助人者忘記助人工作的宗旨是幫助「受助者自立」，耽溺於享受受助者依賴自己而無法自立的狀態。比如父母時常會落入這種陷阱。所以，自主學習典範是要學生當自己的英雄，而不是要老師搶著去當學生的英雄。

⑵**剝削**：受助者利用「幫助」關係，故意將其應該承擔的責任與付出，外部化給幫助者。

⑶**壓迫**：助人者忽視受助者的主體性，以「我為你好」為由，壓制受助者的選擇與負責。

而要避免落入以上的陷阱，助人者與受助者之間最好建立清楚而忠誠的「立約承責」關係。在此關係下，受助者應該在助人者的陪伴下，發展自己的目標，為自己做出選擇與努力，並為自己的選擇與行動負責。受助者應該自立的事項是清楚的，助人者則要知道自己是啦啦隊，不是「代跑者」。

回顧並比較兩種典範

在本章結束前，我們簡單回顧並比較一下「傳統公共教育典範」和「自主學習典範」的基本不同。如下圖所示，兩者在人際關係、追求目標、組織原則、價值觀方面，都有著基本的不同。

隨著這些本質性的不同，兩者在行為表現上，也展現出以下的差異：

❶「傳統公共教育典範」畫一進行教學、作業與評量；「自主學習典範」讓學生由「聽課」進化到「選課」，再進化到「組課」。

❷「傳統公共教育典範」老師對學生傳道、授業、解

人在科層中學習	⟷	人從網絡中學習
學過的典範	⟷	學會的典範
金字塔	⟷	均優
最好	⟷	剛好

▌回顧比較傳統公共教育典範（左）與自主學習典範（右）。

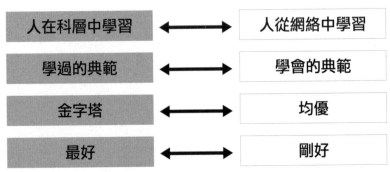

惑；「自主學習典範」由資深學習者擔任資淺學習者的嚮導、教練與陪伴者，相信每個人天生都有能力去調動身邊可用的資源，以解決他所面臨的任何問題（行動者思維）。

❸「傳統公共教育典範」老師要對教學熟練；「自主學習典範」老師自己首先要是好的學習者。

❹「傳統公共教育典範」老師必須遵照課綱上課；「自主學習典範」老師每天都在度量各種知識、技能與學生生命遠近的關係。

❺「傳統公共教育典範」老師要當學生的英雄；「自主學習典範」老師讓學生當自己的英雄。

❻「傳統公共教育典範」師生間有高度的不對稱性；「自主學習典範」以提升學習者的高度為總訣。

❼「傳統公共教育典範」教學是個人經驗的累積；「自主學習典範」教育是一種生態化的助人活動，要避免依賴與剝削。

第3章

開門辦教育

主・筆・開・場・白

「傳統公共教育典範」將學校視為一個一個獨立的城堡，學生在城堡內學完足夠的知識以後，再離開城堡開創人生；然而「自主學習典範」卻認為學習和生活實踐應該結合在一起，再者整個世界都可以成為學習資源，學習者應該走出去，運用這些學習資源，而不是閉門學習。本章我們將闡述更多傳統教育典範中的「科層體制邏輯」，為何無法因應當代挑戰？以及自主學習典範如何藉由「開門辦教育」的精神，回應當代世界挑戰。

——讓整個世界、整個社會來辦教育，吸收更多資源，才能重建現代化的教育。

再談近三百年人類社會

我們先得大致弄清楚整個科層暨市場體制是怎麼運作的，才能了解傳統公共教育下的體制學校，真正是在幹什麼。

科層暨市場體制的最基本構成，是以化石能源為基礎的生產與消費體系，而這個體系需要：(1)一個能夠有效進行「垂直整合」的體制，在網際網路出來之前，只能是大型科層組織；(2)一個信仰並追求「不斷成長」的人群；(3)被簡化成「勞動力」與「消費者」的主流生活方式。

有效進行垂直整合

要驅動整個現代經濟，體制就要有能耐對能源、原料、勞動力、信用（流動性）進行有效的「垂直整合」，其中最基礎的當然是對能源利用的垂直整合，這個環節不在了，其他環節也都會無所依附而不存在。

石油挖出來只是一坨黏呼呼的黑油，以前也就是打仗時用來火攻敵人，對整個文明影響並不會太大。但是大家都知道：今天的石油開採、販賣、使用，稍有風吹草動，幾乎人人受到牽連。

首先，石油是沒辦法加給車子燒來提供動能的，在闡明石油利用的過程上，上、中、下游三層次是不夠說的，所以下面我們用第一層、第二層、第三層來描述人類利用石油的整個過程。

第一層得有人探勘、鑽取，把它從地裡頭弄出來。光弄出來也沒有大用，第二層你要有辦法運到精煉廠，用油管（黑油管）或油輪都行。第三層你要蓋精煉廠將原油分餾成各種油品：汽油、柴油、燃油、輕油、瀝青……。第四層你得有個運輸網絡把各種不同的油品再鋪下去，可以用油管（白油管），也可以用油車，當然你還先要有個「路網」讓載油車有路可以跑。

到第五層就開花分枝了。有的第五層會將輕油裂解再製成塑膠，有的第五層會將燃油送去發電廠發電，我們沒法子每條分支都去追，說明「垂直整合」也用不著每條分支都追。我們單追汽油這一支。第五層你得在各地建大型儲油槽，接收、存放第四層送過來的精煉汽油。

但是儲油槽仍然沒有辦法和汽車對接，你還要有個第六層——加油站網絡，才能跟第七層——你家的汽車對接，然後你才有辦法用車，載你出門去辦事。

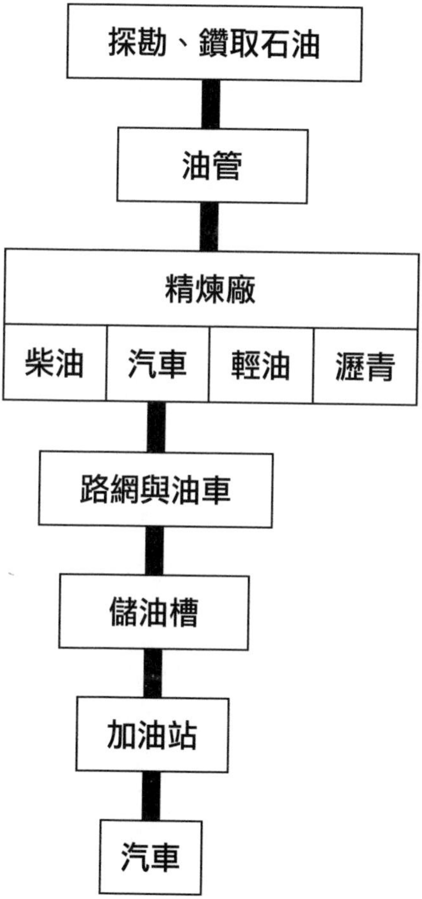

石油需要社會經過多層次的精準對接，進行垂直整合，才能發揮能源的作用。

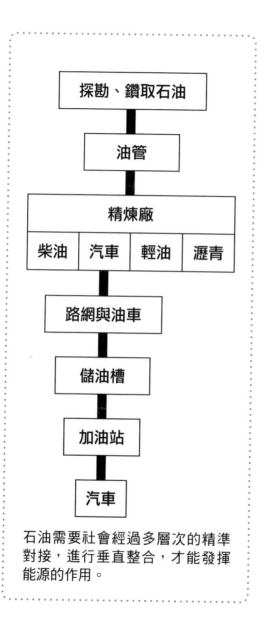

過程中，每一層都得和下一層準確對接，有一層失誤了，整個系統就失靈，石油就對你家的車子沒有半點用處。這個上、中、下游準確對接的做法，就叫「垂直整合」。這種為了利用化石能源，所產生垂直整合的需求，形塑了過去三百年人類社會最主要的樣貌：由科層構成嚴絲合縫的組織，如政府和大公司，並用市場加以潤滑，完美履行垂直整合的功能，而且可以越整併越龐大，直至吞沒整個地球。

所謂「用市場加以潤滑」，是指對接的「數量」，由供需法則和價格機制巧妙地加以調節。如石油精煉品做為汽車燃料的例子當中，汽油便宜，第七層就會多出車、多耗油；而終端需求大，一則會使市場價格抬高，二則會讓生產方利潤擴大，進而願意增加投資，擴增產出。十分合理的決定各層間對接的數量。倘若沒有市場機制，整個科層系統就會偏向計畫經濟，不會有效率。

你會說這不就是古人說的「一日之所需，百工斯為備」，人類社會本來就是依靠垂直整合發展壯大的，當然是越往後走，垂直整合越發達、越盛行。還真不是！在人類發展的歷史長河中，近三百年只是一個泡沫，之前不像這個樣子，之後也不會像這個樣子。

歐洲中世紀就並不盛行垂直整合，歷史學家稱歐洲中世紀社會是「我附庸的附庸不是我的附庸」，它不是層層對接的社會結構。封臣從封君手上獲得封邑，他便因此與封君產生封建關係（如稅賦與兵役）。此後，封臣對自己封邑進行再分封，封臣的附庸因其土地的取得，不是來自於封君，而是來自於封臣，因此他只同封臣產生封建關係，而不必對封君負有任何的封建義務，甚至不用向封君行封建禮儀。中世紀之後，由水車和風車帶來的第一輪歐洲產業革命，也並沒有讓社會走向科層暨市場體制，而是燃煤火車與鐵路網帶動的那次歐美產業革命，才開始讓大家盛行鐘錶對時，開始越來越走向科層暨市場體制。

智慧電網和全球生態系，也都不是嚴絲合縫，擅長垂直整合的科層暨市場體制，這些我們後面會再介紹到。

追求不斷成長

科層暨市場體制其實會持續衍生不少內部矛盾：景氣循環、難以充分就業、分配不均……，但用一個辦法，可以有效緩解這些矛盾，就是不斷追求成長，不斷把餅做大。只要把餅做更大，就更容易充分就業，更容易脫離景氣谷底，更容易讓底層的人接受他們的社經位置，因為他們手上還是分到了比昨天更大的一塊餅。

政府只要讓GDP正增長得越多，就是越好的政府；錢賺得更多，才是成功人士；學生的分數越來越高才是好學生，應該給他更亮的光環和更多資源。現代社會不習慣質疑：那地球能不能隨著人類經濟成長，長得更大顆一些？溫飽舒適之上，人類有必要製造生產那麼多東西，同時製造那麼多垃圾嗎？小孩是不是適性揚才就好，不用為競爭分數而內卷化，搞得覺都難得睡好。「**剛好**」**是不是比最多、最好來得更好？**絕不能讓人民變成這種態度，否則整個科層暨市場體制就立刻會碰到大麻煩。

人被格式化為「勞動力」與「消費者」

體制需要的人民，最好只全心認同自己的兩種身分：「勞動力」與「消費者」。或者職場有分金領、白領、藍領……，但大家在體制內的角色，都是來「拿時間換工錢的」，時間其實就等於生命，扮演勞動力角色的另一層意義就是在賣命。但是如果人民覺得自己賣命已經賺夠了，不再為成長效力怎麼辦？所以得讓人民認同自己的第二種角色——消費者，想要買買買的消費者。消費能消耗掉生產的產品和服務，免得因滯銷而卡住成長。怎麼做到？除了越來越強大的營銷手段與廣告之外，就是讓人民覺得「人生最大的幸福，莫過於有能力消費；人生最大悲哀就是買不起！」

於是人民勞動力的角色不斷支撐自己消費者的角色，消費者的角色又不斷促進自己勞動力的角色，相生相成，持續的成長便有了保證。而最終人民捲入勞動與消費的時間越來越多，可自由支配的時間越來越短，遠比一萬年前的採集漁獵時期短得多。

現代智人在過去二十萬年間，是如此多才多藝，適應了地球上所有不同的生態環境，終於遍及各大陸；而且十四歲起，就有本事漸漸打理起自己的人生，生活實踐能力極強。過去三百年，科層暨市場體制漸漸把人民變成了如乳牛般的馴化家畜，成為城市雞籠裡的飼料雞，多才多藝變成只會「上班」和「買東西」。

能剎車停下來嗎？不改變體制就停不下來！因為各國政府已經以「未來會成長」為前提，提前超發了美元、日圓、人民幣……，資本家們也已經以「未來會成長」為前提，進行了融資。資本市場中的信用，代表的是未來成長了一圈之後的財貨，而不是當前的財貨！只有「未來會成長」這個預言實現，財貨增加了，才能中和掉提前超發的各國法幣和融資。只要「未來是與過去對稱的」，成長與不成長的機會各半，整個科層暨市場體制就有大麻煩了，每個人民也都會有大麻煩。麻煩到底有多大？看看那些法幣破產的國家就知道。

於是，我們還沒有想清楚要不要用基因剪輯去創造生命，還沒想清楚要不要用AI去投入戰場應用，還沒有想清楚要不要運用腦科學去控制人的行為，市場就已經用那隻無形的手，逼你接受它盲目的回應。最終決定這些事情的，是跨國公司的財務季報表。決定是什麼？只要賣得掉，能賺到錢，就一定做！投資者是最沒有耐心的一群人。

那到底有沒有走出這個體制的道路？有。

走向互聯共生網絡

一九八九年柏納李（Tim Berners-Lee）發明網際網路中最重要的HTTP協定與HTML文件格式，並將其智慧財產權奉獻給全人類；同年柏林圍牆倒塌，冷戰結束。網際網路使得人和機構靠「網絡」進行「水平整合」，其優勢逐步超過擅長垂直整合的大型科層，此後三十年，人類社會中微權力快速興起，在無數的領域中打得傳統大型科層組織不知如何招架，或者直接淘汰掉無法與時俱進的過時組織與運作。臺灣人最熟悉的事例當然是二〇一四年的三一八太陽花學運，一群學生靠著靈活的網絡優勢，打得資源是其百萬倍的建制式政府束手無策，只能讓步。影響之深遠，甚至間接導致政權易幟。

二〇一三年起，網際網路的超級升級版物聯網開始起飛，也促使人類社會再走向新的典範，這個新典範，我稱之為「互聯共生網絡」，其物質基礎、優勢的組織型態、盛行的價值觀都有別於科層暨市場體制。互聯共生網絡的主要元素可以用下圖簡單表述。

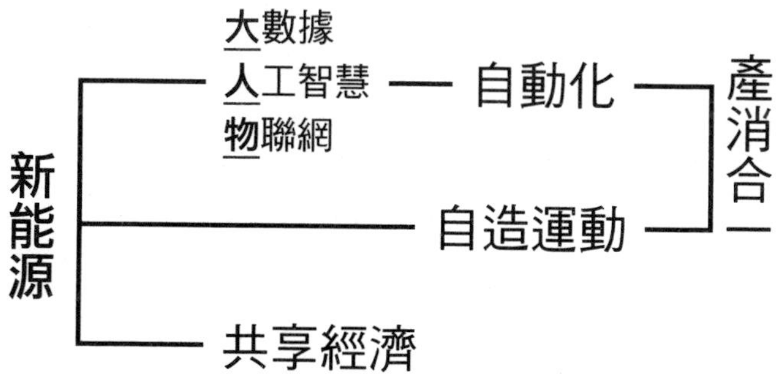

互聯共生網絡以非化石能源為基礎，上層支撐著自動化生產與自造運動，讓人民可以選擇產消合一的生活方式。而透過共享經濟，人民可以交換閒置的資源。

新能源

首先以化石能源為文明的基礎這條路就沒辦法繼續走下去，不是因為化石能源儲存量不夠了，而是會導致嚴重的全球暖化，最終讓人類文明走進大滅絕的浩劫中。

互聯共生網絡的能源基礎是綠能，以全球來說，主力包括：太陽能、風能、水力、地熱、生質能等，其中尤其以太陽能最為重要。但以臺灣來說，蘊藏量最大的是地熱和黑潮；太陽能、風能也很富足；水力有在用，但佔比有限；生質能則是需要的配套太多，臺灣因為電費便宜，發展不太起來。臺灣的綠能蘊藏量雖豐，足夠全社會工業與民生所需還有餘，但能源業中化石能源的「既得利益」太大，所以對發展綠能的態度十分曖昧，誠意不足，進展就不會快。

傳統化石能源的發電利用也是科層的，第一層的石油探勘、鑽取，第二層用油管（黑油管）、油輪運到精煉廠，第三層在精煉廠將原油分餾成燃油，第四層用油管（白油管）、油車、路網把燃油送去發電廠發電，第五層電廠（多數在荒山野嶺）發電，第六層升壓變電所、變電站，第七層高壓電網，第八層降壓變電所、變電站，第九層低壓電網，第十層配電所、配電站，第十一層地區饋線電路，第十二層住家和工廠用

智慧電網

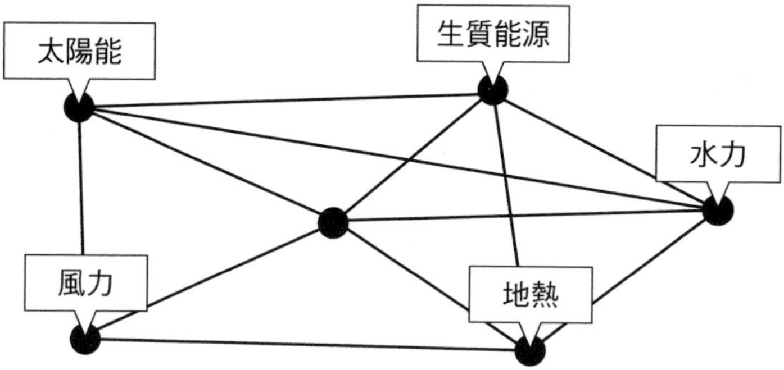

電。每一層都得和下一層準確對接，任何一層失誤了，電網停擺，便無電可用。電網雖然複雜，但電力輸向方向固定由發電廠流向住家和工廠，且流量的週期變化也十分穩定。但火力發電，發電廠的熱機最多只能把燃料中百分之六十的能量變成電，而且輸配過程平均要再消耗百分之十一的電能。

目前在臺灣，政府已經開始補助住家、公司將太陽能板鋪在建築外表上。雖然還有很長的路要走，但電網最終將走向互聯共生網絡中「智慧電網」的型態：第一層就從太陽能板、小瓦數風機、水機、地熱棒上，將電導入地區饋線電網中。地區饋線電網中配有高效電池，每一時間發了但用不完的電就存起來（例如上班時間多數人不在家）。因為千家萬戶和每一個工廠都在參與發電，所以電網的每一小段都要能雙向傳送電力，而且整體電網也需要知道每分每刻哪些節點有餘電可供輸出，而哪些節點在此刻需要饋入電力，還要能規劃電力的合理路由，使傳送損耗降至最低。這種網絡式的協作，在網際網路發明之前，並且升級到IPv6的物聯網之前，其實是很難操作的。

這種在綠能的基礎下，使用智慧電網，協力千家萬戶和大量工廠發電、用電的模式，就是「水平整合」。要讓大量的終端用戶協力，過去工作圈是比不過科層的，因為採用工作圈的模式，人數一多，點對點的關係就會呈幾何級數增加，但科層能將點對點的關係限制在算術級數成長。

「互聯共生網絡」擅長水平整合，在網路時代優點多，此後將步步抬頭；「科層暨市場體制」擅長垂直整合，盛行於過去三百年，此後將和互聯共生網絡混搭共存一段時間，但佔比將步步滑落。

不只能源會走向「去科層改用網絡」，學習資源也會這麼發展。其實自主學習典範的興起，就是人類社會由科層暨市場體制滑向互聯共生網絡的一種體現。如果要迎向未來，就不能留連於傳統公共教育典範下的體制學校教育。

大、人、物

大、人、物指的是大數據、人工智慧（AI）、物聯網，皆是網際網路引起的進一步發展，三者相輔相成，共同升級了生產自動化，也促成了自駕車、智慧居家、智慧城市、數位國土。如果不是網際網路把娛樂、知識、技能都連上網，也不會使隨身連網裝置（手機、平板）盛行，有機會將數以億計人群的數據饋入網路中形成大數據；而多層的類神經網路恰好能夠消化這麼大的數據，透過學習，產生真正有本事的電腦——AI。如果沒有AI，即使萬物連網，各種裝置送來天文數字般的資訊，人類自己也沒有本事整理消化。

第一代的網際網路標準叫IPv4，準備了四十億個網路位址，可以將人類社會中的個人和機構連接進同一個網路中；而物聯網使用的標準叫IPv6，準備了三百四十兆兆兆個位址，足可將人類社會中的所有物品，包括每一個杯子、每一件衣服、每一張椅子……全部連上網路，彼此交換訊息。所以居家將成為「智慧居家」，城市將成為「智慧城市」，國家將成為「數位國土」。物聯網（IPv6）帶來的數據量根本不是之前IPv4的數據量可比的，簡直可以叫「大大數據」了。而消化大大數據的人工智慧將不會是由人類所設計，應該會由前一代的AI所設計，人類不一定能看懂。至於物聯網時期的網路連結數量，將超過人類大腦的網路連結數量，是不是會因此產生「意識」，沒有人知道。

生產自動化

但是生產自動化則是必然的，這件事有「好的可能」，也有風險。其風險分為上、中、下三個等級：

- **上等風險**：人類濫用生產自動化，把自己由「飼料雞」再退化成「電池」。
- **中等風險**：歷史上產生第一批資本家，既不需要他們的人類同胞當勞動力，也不需要他的人類同胞當消費者。「無產階級」進一步成了「無用階級」。這件事我說的不好，劉慈欣說的比較好，請參考劉慈欣寫的《贍養人類》（※書摘收錄於一二二九至一三八頁）。

• **下等風險**：從二〇二〇年至二〇四〇年，人類有百分之四十的工作重新洗牌，千萬萬人難以適應。這件事應該是大概率會發生，而百分之四十是高估還是低估，是百分之三十還是百分之五十，都不會影響這件事的本質。

產消合一者

好的可能是：社會實施能源的基本收入制度，醫療保健和學習免費，成為公共服務。3D印表機大家都用得起，只要去共享市集下載3D造模，回來改成自己想要的樣子，然後印出來就好了。我們回到「自己動手打造物品以滿足自己需求」的時代，而這使得家家戶戶可以透過「自造」來滿足自己的需要，不用再依賴規格化大量生產以及市場購買。

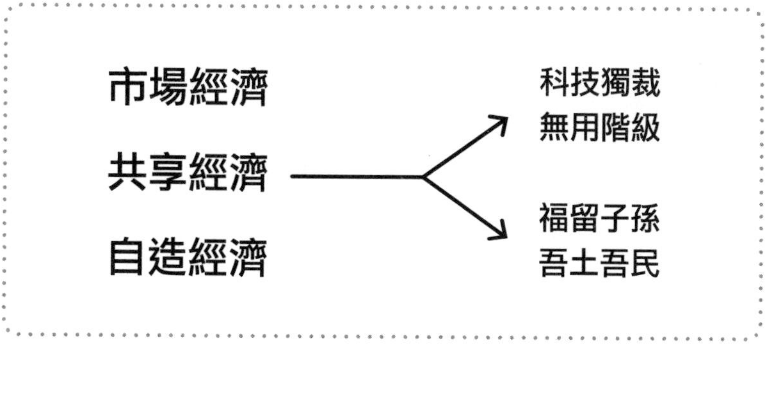

人民開始成為產消合一者，從科層暨市場體制中被異化成勞動力與消費者的狀態中脫離出來，用不完的物品和服務透過「共享經濟」彼此租賃。

網際網路有一個特性，每增加一位使用者，衍生的成本增加（邊際生產成本），幾近於零。如果通過民主制度，讓物聯網成為公共財，那麼自動化帶來的新生產力，就會為公民所公平持有。

再者，地熱、黑潮、太陽能、風能，都不能讓資本家聲稱是他們的，而應該是大家共有的，所以每個人民都該分到「能源的基本收入」，並且運用這些能源額度，去支撐自己的自造活動和共享經濟。

共享經濟的三要素是：**閒置的產能**、**平台**、**使用者社群**。不同於科層暨市場體制追求不斷成長而鼓勵揮霍，互聯共生網絡習慣用共享經濟系統，將閒置的資源透過分享充分利用。

而每個人自己的需求約有百分之五十是靠「自造」取得，另外百分之五十還是靠交易網絡和別人交換。所以貨幣和市場仍會存在，但功能退回到促進分工的時代，現代的「金融奴役制度」開始式微。

微權力興起

「權力」是我們施加給他人，引領他們去做原本不會做的行為。在網際網路和智慧型手機普及之前，權力往往集中於政府、教廷、跨國企業總部、大型軍隊、國際基金會、傳統政黨……手中；如今則是社會運動與非政府組織蓬勃發展，無數握著手機的年輕人，透過網際網路串連成群眾，對公共事務說「Yes」或說「No」。

二〇一〇年十二月，北非突尼西亞一名二十六歲青年拉著攤車在街上販賣蔬菜水果，但因為沒有申請擺攤執照，攤車被警察部門沒收，他隨後自焚，數百名年輕的抗議者上街進行示威，警察則使用催淚瓦斯強力驅散，雙方衝突的影片被上傳至Facebook及YouTube。民眾用Twitter等社群軟體快速串連，八千名律師（該國百分之九十五）參與了罷工，示威越發蔓延，最後突尼西亞執政二十三年的總統下台，政權和平過渡，國家民主轉型。

當然微權力興起也可以用來發展恐怖組織：蓋達在一九九〇年代打入國際市場並順利發展，透過網路宣傳理念，招募新血，組織恐怖攻擊，在二〇〇一年九月十一日成功炸毀了紐約雙子星大樓。不論賓拉登十年後是否被擊斃，這項恐怖攻擊導致美國出兵阿富汗，花了二點六兆美元，二十年後又倉皇撤離，活生生地拖垮了一個冷戰的勝利者。

二〇一四年三月十七日，在我國立法院聯席會議上，立委張慶忠宣布《海峽兩岸服務貿易協議》審查超過九十天，依法視為已經審查，強行送交立法院院會存查。張慶忠後面是已在中央執政八年且佔立法院多數的中國國民黨，理論上臺灣境內已無可以阻擋《海峽兩岸服務貿易協議》通過與實施的政治力量。正當所有人都認為大勢底定之際，三月十八日晚上九時，反對《海峽兩岸服務貿易協議》的學生、群眾、公民團體，突然佔領立法院議場，並用座椅封鎖門口。隨後，在立法院議場內的成員建立行動決策核心，展開大量的組織分工合作；在立法院外則有大批支持者聲援。佔領持續到四月十日，立法院院長王金平提出制定《兩岸協議監督條例》的承諾，交換學生撤出立法院議場。之後國民黨在二〇一四年九合一選舉和二〇一六年正副總統及立委選舉落敗。

以上三個例子都是微權力興起的典型：不知從哪裡冒出來一群擅長透過網路水平整合的年輕人，打得傳統大型科層組織不知如何招架，或者束手無策只能讓步，或者犯下致命錯誤損失慘重。

臺灣實驗教育的發展，其實也是一種微權力興起的現象，他們手上沒有幾十萬間教室，就以臺灣為一間沒有屋頂的大教室；沒有幾十萬的教師隊伍，就以全社會的達人為教師；沒有課綱和教科書為他們的教育理念服務，就直接以網路上數之不盡的影片和內容讓同學們自主學習。聯繫這一切的是親、師、生合作群學的共學團隊，但如果沒有網際網路，他們也做不到這一切。

自主學習典範更能適應當代

其實臺灣通過實驗教育三法，讓人民可以「動手打造符合自己需求的教育」，就是上一段自造精神的體現。而經過這幾年的發展，臺灣的實驗教育大約衍生出三個大群落：

(1)**引進外國的另類教育**：如華德福、蒙特梭利、瑟谷、耶拿、KIPP與KIST、SDGs（聯合國永續發展目標）……等。

(2)**尊重多元文化與多元信仰**：這是來自臺灣將國際人權兩公約（《公民與政治權利國際公約》及《經濟社會文化權利國際公約》）國內法化的要求。基督教、佛教、儒家的讀經教育，大抵屬於這一類。

(3)**增強學生的自主學習**：如以自主學習典範為發展方向的實驗教育機構。

本書要談的就是第三個群落。這些實驗教育機構目前雖然還是私塾的性質，但其實這個典範比傳統公共教育典範下的體制學校，更適合互聯共生網絡型的社會，所以臺灣才會有「今日實驗教育，明日公共教育」的口號。

互聯共生網絡	科層暨市場體制
綠能	化石能源
水平整合	垂直整合
微權力興起	國家，大公司，市場
土雞典範	飼料雞典範

兩種文明典範的簡要比較。在教育目標上，互聯共生網絡要養出能自主對付問題的「土雞」，所以更適合目前的受教者適應當代。

所幸有臺灣實驗教育的實踐經驗，我們對於自主學習典範，不用沿著伊利許的思路去憑空想像，這種自主學習典範的教育機構大概長這樣：

❶理想是：幫助學習者生命自覺、學習自主、生活自立、責任自負、需求自造。
- 以抬高學習者的高度為首要心法。
- 在人際關係和組織上去金字塔化。以工作圈模式做事，而非以科層模式做事。
- 認為沒有學習者的主體參與，就根本沒有學習。
- 在輔導資源的準備上，優先於課務資源的準備。
- 「開門辦教育」：組課群學要結合社會資源，行動學習跑來跑去，同村共養教育要以一方水土一方人支持同學學習，三者都需要開門辦教育。

❷採取任務驅動式的課程設計，課程就是大任務包小任務的層層任務設計。同學組成小群去對付小任務，再將小群聯合成大群去對付大任務。
- 剛開始小群、大群只是為了完成任務的利益共同體，但隨時間推移，同學夥伴間能運用彼此互補特質，進入到討論模式，由「加法協作」進展到「乘法協作」，引發彼此間的共振。

- 要完成任務，夥伴間得有「我為人人，人人為我」的態度，也需要大家遵守立約承責的精神。然後就有了公共性教育的良好起點。

❸老師認為自己只是資深學習者，負責擔任資淺學習者的嚮導、教練與陪伴者。大家都相信：每個人天生有能力調動身邊可用資源，解決他所面臨的任何問題。

- 老師自己就是好的學習者。同學看到會引為榜樣，一個愛學習、會學習的嚮導。
- 老師每天都在度量各種知識、技能與每個學生生命遠近的關係。
- 現在對於培力老師帶領自主學習，已經有比較靠譜的流程與步驟，原理是讓老師自己用體驗自主學習來認識自主學習。

❹上課不會使用教科書，排課喜歡連排。

- 讓同學組課（含組社團課），接受機構以外的外修生一起來學，一門課不用分齡，成人和青少年也能共學。讓學生動手打造自己想要的課。
- 讓學生參與評量的命題。
- 讓同學和家長都可以來教課，也可以透過組課找人來教課。
- 還是有必修課，但重點在於：教同學怎麼從網路與傳媒上去蒐集知識與技能，架構知識與技能，發表自己架構後的成果。

- 還是有學習的基本內容，但比國定課綱少非常非常多，真的是基本。而基本內容的學習設計，還是會綁定生活實踐。

❺有系統培力同學進行行動學習

- 行動學習等於：移地＋群學＋學習者策畫。
- 把行動學習當作是一種解決問題的訓練。
- 用行動學習讓學生學會各種過程技能，而且是玩真的。如果只是考試及格，不是真的會應用，在參與行動學習（真槍實彈地應付食衣住行育樂健等各種生活機能）時會栽跟頭。
- 從小而大，由小型單日簡單的行動學習，一路升級進階到整個月，能掌握國外生活機能的大型行動學習。

❻以自由、平等、民主進行治理。

- 追求個體我與群我互為主體。
- 立約承責：眾人之事，權責相符則成，權責不符則敗。關鍵在不能讓成員將自己的責任外部化給別人。

- 講真的，玩真的。說了學生可以決定的事，學生決定了就會算數；大家說出口的每件事，就是真的準備這麼做。
- 公道比專政有效率：前提是「立約承責」和「玩真的」。
- 班本治理，班才是事權與資源的重心，學校只是班的聯盟。一個班約略是一個大群包幾個小群。

請注意，**這樣的自主學習典範，不只可以用於小一到高三的教育，也能用於終身學習和學前教育。**

☀ 公共教育負擔得起自主學習典範嗎？

至少臺灣目前已經負擔得起了。臺灣因為有《教育經費編列與管理法》，GDP增加，政府收入就會跟著增加，而教育經費依此法固定佔政府收入的百分之二十三，所以會年年增加。再加上少子女化，學生單位成本上升的速度就更快了。目前公立國中

支出類別	每生每年支出（元）	佔比	與體制學校主要差異
導師	103,000	57%	勞基法；師生比約1：7
教室折舊	1,400	0.8%	差不多，也可以租更貴的教室
選修／組課	60,000	33.3%	遠多於體制學校
行政支出	15,800	8.8%	班本課程；輕刑簡政

小的學生單位成本，已經超過了民間自主學習機構的學生單位成本。

（一）自主學習典範的每生每年單位成本

對自主學習典範的每生每年單位成本，我先在上面列一個簡表。（※此表為二〇二〇年振鐸學會機構辦學之成本，各實驗教育機構因教師薪資不同、師生比不同，成本各異。）

臺灣教育人員的待遇大約分成兩個系統：適用《教師待遇條例》的教育人員和適用《勞動基準法》的教育人員。兩者給予待遇的觀念，從根本上就不一樣。而臺灣民間走自主學習路線的教育機構，大多是適用後者。

自主學習典範最主要的支出是僱請勞基法

base的導師，要佔到整體支出的百分之五十七。導師的月薪是每個月四萬五千元，外加勞保、健保、勞退和一個月年終獎金，一個班的必修課由四位老師分攤，其中一位專任老師兼辦行政，必修課可以少上，但考慮到要花大量的時間陪伴學生，理想的師生比大約是一比七。

經過八年的試驗，用目前體制學校的教室，來當自主學習的基地完全沒有問題，一間教室每年的折舊算四萬，攤到每位學生，每生每年大約負擔一千四百元。

選修和組課的制度是這樣的：每一門組課的每一節課，辦學團隊補助同學四百元鐘點費，這筆鐘點費若是同學自己上的課不能領，家長來上的課也不能領，專任老師上的課也不能領。外聘老師鐘點費可以比每節四百元高，但是超過部分由修課同學額外收費分攤，要找贊助來付老師鐘點費超過四百元的部分也行。還真有單位可以找來贊助，其實有很多基金會想要推廣他們的理念，有高國中小願意組合於他們理念的組課，他們還是願意出些鐘點費的。

在選修／組課的支出方面，每生每年六萬是低估了。低估在哪裡？高中部的境外行動學習。

以過去六年制學程的辦學經驗為例，每位高中生八天的小型境外行動學習與三十天的歐洲行動學習，兩筆合計每人大約是二十萬，用的是政府對技術型高中實驗教育學生每學期每生三萬三千五百六十元的補助(註)❺，全班開專戶存了六個學期，剛好可以供高中生兩次境外行動學習的費用。

第四筆行政支出，是指這個班級（二十至三十位學生）每學年接近四十八萬的行政支出，攤到每個學生大約是每年一萬五千八百元。這個錢現在是這個數，以後全國教室裝冷氣，再加上冷氣維修與電費，每生每年的行政支出會不止一萬五千八百元。

這樣合計起來，自主學習典範學生單位成本是每生每年十八萬左右，這其中用上了家長和同學的一些免費勞務，沒算錢。

筆者去比對過自主學習典範下的民辦機構，和以自主學習典範為理念的公立實驗學校，發現兩者學生單位成本差距很大。單位成本最高的是公立實驗學校，比民辦的

---

❺ 實施十二年國教後，政府對高中自學生每學期補助 33,560 元。普通高中是排富補助，技術高中是不排富補助的。

自主學習典範實驗教育機構，以及公立的非實驗教育學校都高出很多。後兩者每年的學生單位成本是每生每年十八萬。

仔細翻查學校的決算，發現其中差別是這些民辦的實驗教育機構，實施「班本課程」，學校只是班級的聯盟，一切行政事務採取「輕刑簡政」的立場，將不能簡化的行政工作，放到班級裡面「課程化」，交給學生負責，重用學生。

學生學了基本的程式撰寫，是能管伺服器的，如此運作下來發現：大多數有用的行政都能在伺服器和網路上解決，不需要設立科層職務養人。所以，民辦實驗教育機構如果願意採用自主學習典範，重用學生，其實不用額外養校長室、教務處、學務處、輔導處、總務處，學生單位成本相比於公立實驗學校自然會低上很多，和非實驗教育的公立學校差不多。

（二）體制學校國中小學每生每年單位成本

整理教育部所出版《中華民國教育統計》（一〇九年版）公布的統計資料，顯示二〇〇〇年至二〇一九年臺灣國中、國小學生每年每生單位成本變化如左圖：

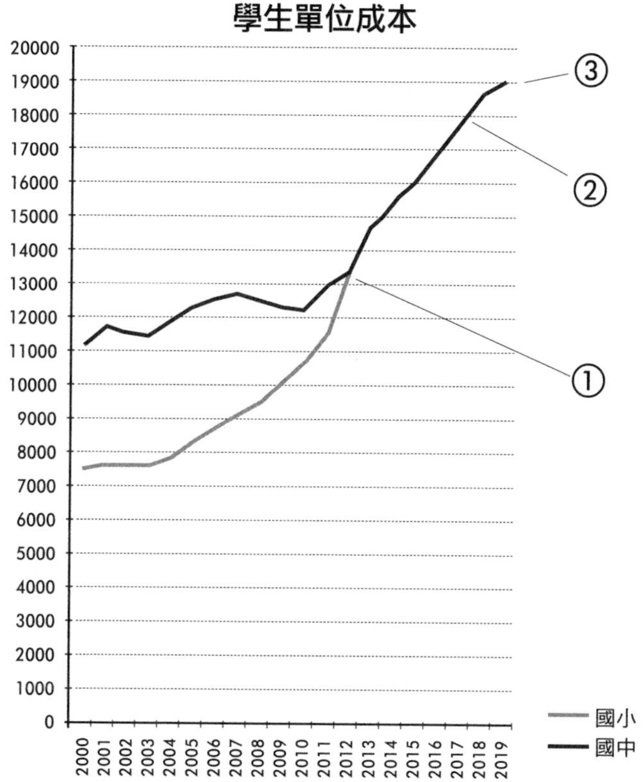

自 2000 年臺灣實施《教育經費編列與管理法》後，政府教育經費和政府收入掛鉤，和教育量體脫鉤。

① 國中每生單位成本高於國小每生單位成本，但差距在逐年縮小。2012 年後，教育部開始合計國中小每生單位成本。

② 隨著教育經費增加、學生量體減少，自 2010 年開始，國中小學每生單位成本每年均顯著成長。2018 年全臺國中小學每生的單位成本首度升破 18 萬 / 年。

③ 2019 年全臺國中小學每生的單位成本是 18.9 萬 / 年。

兩種典範所提供的教育品質差很大，而目前公立學校自主學習參與機會很少，反而要靠有錢的家長以私塾的型態，每年交二十二萬左右，去養自主學習典範的實驗教育機構，中低收入家庭基本上沒有參與自主學習機會。

這一點在一〇八課綱實施之後其實可以改變。一〇八課綱在國中小學有大量的校定課程節數，在高中的校定課程則要求要一點二至一點五倍率開課，如果校方願意拿校定課程的節數，讓有意願的老師去規劃「微型的自主學習課程」，那麼普通學校不用申請實驗教育，學生也能接受到自主學習典範下的教育品質。

憐我同學，憂患實多

左頁圖中所列的各種問題，是現在正在上學的同學們長大後要面對的，其中沒有任何一項他們可以避得開、躲得掉。而任何一個問題沒有成熟處理，都是千萬人遭難，落入人間煉獄的局面。

他們之中的多數人，還以為他們長大以後，這個世界還是原來的世界。或者以為天塌下來，還會有高個兒幫他們解決。其實過去三百年，就是人類吹起了一個假定生產與消費可以永遠不斷成長的超大型泡沫，而這個泡沫的年限就是過去這三百年。現在三百年到了，泡沫也將要破了。

幸運的是，在這個超大泡沫即將破滅的前夕，人類有了網際網路，有了讓科層暨市場體制逐步消腫，互聯共生網絡逐步成長的機會，這樣泡沫可以變小而不致破滅。同時，新興的互聯共生網絡也可以讓文

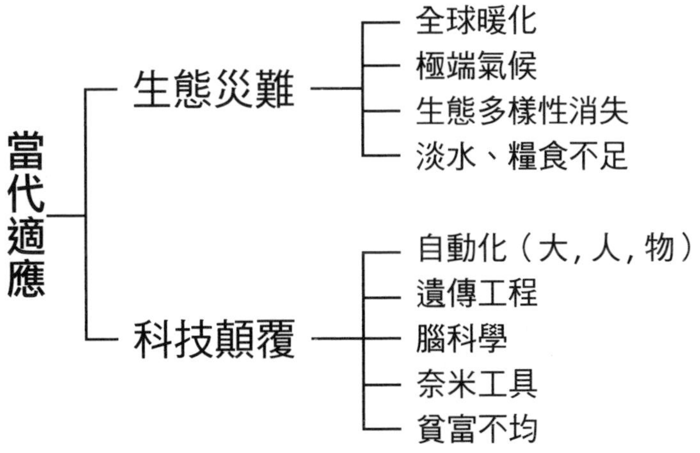

目前受教育的青少年長大後所需面對並解決的問題，並不是傳統教育所能因應的。他們需要解決的問題主要有兩大方面：盲目追求成長而造成的「生態災難」與「科技」應用不受控制衍生的社會「顛覆」性發展。

明走向永續發展。

但這個機會，卻有賴我們有序地將「自主學習典範」逐步沁入體制學校，補充原有「傳統的公共教育」典範。其實以人心的好惡來講，做到這件事並不難，難的是找到方法，突破慣性及既得利益。

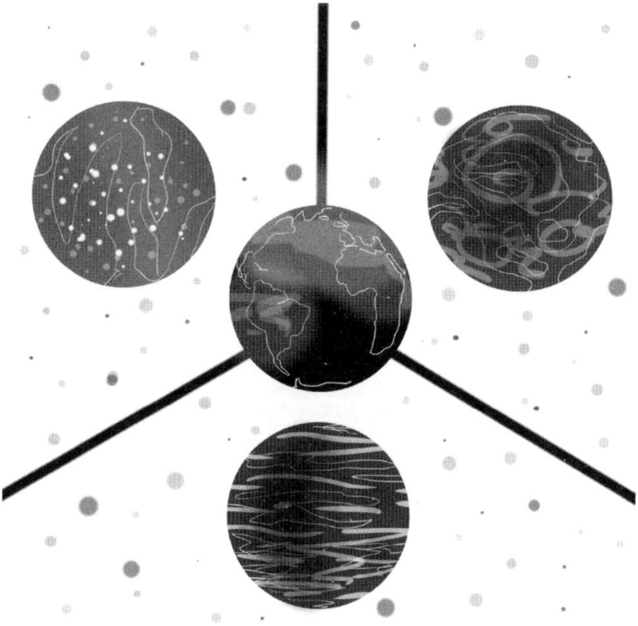

參考書摘《贍養人類》

【劉慈欣授權運用】

故事背景

上帝族在四個適居行星播種，創生人類。依序為第一地球、第二地球、第三地球、第四地球，第四地球就是我們的地球。第一地球的文明走到了全自動化生產的時代，但是社會體制仍是資本主義。於是就誕生第一批既不需要人類同胞當勞動力，也不需要人類同胞當消費者的資本家。這位資本家很仁慈，他並沒有把成為「無用階級」的人類同胞殺光或絕育，只是用太空船把他們放逐到太空中。第一地球的科技比我們的地球發達，也知道我們地球的位置，於是太空船隊來到了地球上空，準備佔領地球，贍養他們自己。

—書摘—

接著，在第四地球的垃圾場上，來自兩個世界的兩個人長時間地沉默著。這凝固的空氣使滑膛窒息，他想說點什麼，這些天的經歷，使他下意識地提出了一個問題：「你們那兒也有窮人和富人嗎？」

第一地球人微笑了一下說：「當然有，我就是窮人，」他又指了一下天空中的星環，「他們也是。」

「上面有多少人？」

「如果你是指現在能看到的這些，大約有五十萬人，但這只是先遣隊，幾年後到達的一萬艘飛船將帶來十億人。」

「十億？他們……不會都是窮人吧？」

「他們都是窮人。」

「第一地球上的世界到底有多少人？」

「二十億。」

「一個世界裡怎麼可能有那麼多窮人？」

「一個世界裡怎麼不可能有那麼多是窮人？」

「我覺得，一個世界裡的窮人比例不可能太高，否則這個世界就變得不穩定，那富人和中產階級也過不好了。」

「以目前第四地球所處的階段，很對。」

「還有不對的時候嗎？」

第一地球人低頭想了想，說：「這樣吧，我給你講講第一地球上窮人和富人的故事。」

「我很想聽。」滑膛把槍插回懷裡的槍套。

「兩個人類文明十分相似，你們走過的路我們都走過，我們也有過你們現在的時代：社會財富的分配雖然不均，但維持著某種平衡，窮人和富人都不是太多，人們普遍相信，隨著社會進步，貧富差距將進一步減小，他們憧憬著人人均富的大同時代。但人們很快發現事情要複雜得多，這種平衡很快就要被打破了。」

「被什麼東西打破的？」

「教育。你也知道，在你們目前的時代，教育是社會下層進入上層的唯一途徑，如果社會是一個按溫度和含鹽度分成許多水層的海洋，教育就像一根連通管，將海底水層和海面水層連接起來，使各個水層之間不至於完全隔絕。」

「你接下來可能想說，窮人越來越上不起大學了。」

「是的，高等教育費用日益昂貴，漸漸成了精英子女的特權。但就傳統教育而言，即使僅僅是為了市場的考慮，它的價格還是有一定限度的，所以那條連通管雖然已經細若游絲，但還是存在著。可有一天，教育突然發生了根本的變化，一個技術飛躍出現了。」

「是不是可以直接向大腦裡灌知識了？」

「是的，但知識直接注入只是其中一部分。大腦中將被植入一台超級電腦，它的容量遠大於人腦本身，它存貯的知識可變為植入者的清晰記憶。但這只是它的一個次要功能，它是一個智力放大器，一個思想放大器，可將人的思維提升到一個新的層次。這時，知識、智力、深刻的思想，甚至完美的心理和性格、藝術審美能力等等，都成了商品，都可以買得到。」

「一定很貴。」

「是的，很貴，將你們目前的貨幣價值做個對比，一個人接受超等教育的費用，與在北京或上海的黃金地段買兩到三套一百五十平米的商品房相當。」

「要是這樣，還是有一部分人能支付得起。」

「是的，但只是一小部分有產階層，社會海洋中那條連通上下層的管道徹底中斷了。完成超等教育的人，智力比普通人高出一個層次，他們與未接受超等教育的人之間的智力差異，就像後者與狗之間的差異一樣大。同樣的差異還表現在許多其他方面，比如藝術感受能力等。於是，這些超級知識階層就形成了自己的文化，而其餘的人對這種文化完全不可理解，就像狗不理解交響樂一樣。超級知識分子可能都精通上百種語言，在某種場合，對某個人，都要按禮節使用相應的語言。在這種情況下，在超級知識階層看來，他們與普通民眾的交流，就像我們與狗的交流一樣簡陋了……於是，一件事就自然而然地發生了，你是個聰明人，應該能想到。」

「富人和窮人已經不是同一個……同一個……」

「富人和窮人已經不是同一個物種，就像窮人和狗不是同一個物種一樣，窮人不再是人了。」

「哦，那事情可真的變了很多。」

「變了很多，首先，你開始提到的那個維持社會財富平衡、限制窮人數量的因素不存在了。即使狗的數量遠多於人，他們也無力製造社會不穩定，只能製造一些需要費神去解決的麻煩。隨便殺狗是要受懲罰的，但與殺人畢竟不一樣，特別是當狂犬病危及到人的安全時，把狗殺光也是可以的。對窮人的同情，關鍵在於一個『同』字，當雙方相同的物種基礎不存在時，同情也就不存在了。這是人類的第二次進化，第一次與猿分開來，靠的是自然選擇；這一次與窮人分開來，靠的是另一條同樣神聖的法則：私有財產不可侵犯。」

「這法則在我們的世界也很神聖的。」

「在第一地球的世界裡，這項法則由一個叫社會機器的系統維持。社會機器是一種強有力的執法系統，它的執法單元遍布世界的每一個角落，有的執法單元只有蚊子大小，但足以在瞬間同時擊斃上百人。它們的法則不是你們那個阿西莫夫的三定律，而是第一地球的憲法基本原則：

私有財產不可侵犯。它們帶來的並不是專制，它們的執法是絕對公正的，並非傾向於有產階層。如果窮人那點可憐的財產受到威脅，他們也會根據憲法去保護的。

「在社會機器強有力的保護下，第一地球的財富不斷地向少數人集中。而技術發展導致了另一件事，有產階層不再需要無產階層了。在你們的世界，富人還是需要窮人的，工廠裡總得有工人。但在第一地球，機器已經不需要人來操作了，高效率的機器人可以做一切事情，無產階層連出賣勞動力的機會都沒有了，他們真的一貧如洗。這種情況的出現，完全改變了第一地球的經濟實質，大大加快了社會財富向少數人集中的速度。

「財富集中的過程十分複雜，我向你說不清楚，但其實質與你們世界的資本運作相同。在我曾祖父時代，第一地球百分之六十的財富掌握在一千萬人手中；在爺爺的時代，世界財富百分之八十掌握在一萬人手中；在爸爸的時代，財富百分之九十掌握在四十二人手中。

「在我出生時，第一地球的資本主義達到頂峰上的頂峰，創造了令人難以置信的資本奇蹟；百分之九十九的世界財富掌握在一個人的手中！這個人被稱做『終產者』。

「這個世界的其餘二十多億人雖然也有貧富差距，但他們總體擁有財富只是世界財富總量的百分之一，也就是說，第一地球變成了由一個富人和二十億個窮人組成的世界，窮人是二十億，不是我剛才告訴你的十億，而富人只有一個。這時，私有財產不可侵犯的憲法仍然有效，社會機器仍在忠實地履行著它的職責，保護著那一個富人的私有財產。

「想知道終產者擁有什麼嗎？他擁有整個第一地球！這個行星上所有的大陸和海洋都是他家

的客廳和庭院，甚至第一地球的大氣層都是他私人的財產。

「剩下的二十億窮人，他們的家庭都住在全封閉的住宅中，這些住宅本身就是一個自給自足的微型生態循環系統，他們用自己所擁有那可憐的一點點水、空氣和土壤等資源，在這全封閉的小世界中生活著，能從外界索取的，只有不屬於終產者的太陽能了。

「我的家坐落在一條小河邊，周圍是綠色的草地，一直延伸到河沿，再延伸到河對岸翠綠的群山腳下，在家裡就能聽到群鳥鳴叫和魚兒躍出水面的聲音，能看到悠然的鹿群在河邊飲水，特別是草地在和風中的波紋最讓我陶醉。但這一切不屬於我們，我們的家與外界嚴格隔絕，我們的窗是密封舷窗，永遠都不能開的。要想外出，必須經過一段過渡艙，就像從飛船進入太空一樣。

「事實上，我們的家就像一艘宇宙飛船，不同的是，惡劣的環境不是在外面，而是在裡面！我們只能呼吸家庭生態循環系統提供的污濁空氣，喝經千萬次循環過濾的水，吃以排泄物為原料合成再生的難以下嚥的食物。而與我們僅一牆之隔，就是廣闊而富饒的大自然，我們外出時，穿著像一名太空人，食物和水要自帶，甚至自帶氧氣瓶，因為外面的空氣不屬於我們，是終產者的財產。

「當然，有時也可以奢侈一下，比如在婚禮或節日什麼的，這時我們走出自己全封閉的家，來到第一地球的大自然中，最令人陶醉的是呼吸第一口大自然的空氣時，那空氣是微甜的，甜得讓你流淚。但這是要花錢的，外出前我們都得吞下一粒藥丸大小的空氣售貨機，這種裝置能夠監測和統計我們吸入空氣的量，我們每呼吸一次，銀行帳戶上的錢就被扣除一點。對於窮人，這真的是一種奢侈，每年也只能有一兩次。我們來到外面時，也不敢劇烈活動，甚至不動只是坐著，以控制自己的呼吸量。回家前還要仔細地刮刮鞋底，因為外面的土壤也不屬於我們。

「現在告訴你我母親是怎麼死的。為了節省開支，她那時已經有三年沒有到戶外去過一次了，節日也捨不得出去。這天深夜，她竟在夢遊中通過過渡門到了戶外！她當時做的一定是一個置身於大自然中的夢。當執法單元發現她時，她已經離家有很遠的距離了。執法單元也發現了她沒有吞下空氣售貨機，就把她朝家裡拖，同時用一隻機械手卡住她的脖子，它並沒想掐死她，只是不讓她呼吸，以保護另一個公民不可侵犯的私有財產——空氣。但到家時她已經被掐死了，執法單元放下她的屍體對我們說：『她犯了盜竊罪。』

「我們要被罰款，但我們已經沒有錢了，於是母親的遺體就被沒收抵帳。要知道，對一個窮人家庭來說，一個人的遺體是很寶貴的，佔它重量百分之七十的是水啊，還有其他有用的資源。但遺體的價值還不夠交納罰款，社會機器便從我們家抽走了相當數量的空氣。

「我們家生態循環系統中的空氣本來已經嚴重不足，一直沒錢補充，在被抽走一部分後，已經威脅到了內部成員的生存。為了補充失去的空氣，生態系統不得不電解一部分水，這個操作使得整個系統的狀況急劇惡化。主控電腦發出了警報：如果我們不向系統中及時補充十五公升水的話，系統將在三十小時後崩潰。警報燈的紅色光芒迷漫在每個房間。我們曾打算到外面的河裡偷些水，但旋即放棄了，因為我們打到水後，還來不及走回家，就會被無所不在的執法單元擊斃。

「父親沉思了一會兒，讓我不要擔心，先睡覺。雖然處於巨大的恐懼中，但在缺氧的狀態下，我還是睡著了。不知過了多長時間，一個機器人推醒了我，它是從與我家對接的一輛資源轉換車上進來的，它指著旁邊一桶清澈晶瑩的水說：『這就是你父親。』

「資源轉換車是一種將人體轉換成能為家庭生態循環系統所用資源的流動裝置，父親就是在那裡將自己體內的水全部提取出來，而這時，就在離我家不到一百米處，那條美麗的河在月光下嘩嘩地流著。資源轉換車從父親的身體還提取了其他一些對生態循環系統有用的東西：一盒有機油脂、一瓶鈣片，甚至還有硬幣那麼大的一小片鐵。

「父親的水拯救了我家的生態循環系統，我一個人活了下來，一天天長大，五年過去了。在一個秋天的黃昏，我從舷窗望出去，突然發現河邊有一個人在跑步，我驚奇是誰這麼奢侈，竟捨得在戶外這樣呼吸?!仔細一看，天啊，竟是終產者！他慢下來，放鬆地散步，然後坐在河邊一塊石頭上，將一隻赤腳伸進清澈的河水裡。他看上去是一個健壯的中年男人，但實際已經兩千多歲了，基因工程技術還可以保證他再活這麼長時間，甚至永遠活下去。不過在我看來，他真的是一個很普通的人。

「又過了兩年，我家生態循環系統的運行狀況再次惡化，這樣小規模的生態系統，它的壽命肯定是有限的。終於，它完全崩潰了。空氣中的含氧量在不斷減少，在缺氧昏迷之前，我吞下了一枚空氣售貨機，走出了家門。像每一個家庭生態循環系統崩潰的人一樣，我坦然地面對著自己的命運：呼吸完我在銀行那可憐的存款，然後被執法機器掐死或擊斃。

「這時我發現外面的人很多，家庭生態循環系統開始大批量地崩潰了。一個巨大的執法機器懸浮在我們上空，播放著最後的警告：『公民們，你們闖入了別人的家裡，你們犯了私闖民宅罪，請盡快離開！不然……』離開？我們能到哪裡去？自己的家中已經沒有可供呼吸的空氣了。

「我與其他人一起，在河邊碧綠的草地上盡情地奔跑，讓清甜的春風吹過我們蒼白的面龐，讓生命瘋狂地燃燒……。不知過了多長時間，我們突然發現自己銀行裡的存款早就呼吸完了，但執法單元們並沒有採取行動。這時，從懸浮在空中那個巨型執法單元中傳出了終產者的聲音。

「『各位好，歡迎光臨寒舍！有這麼多的客人我很高興，也希望你們在我的院子裡玩得愉快，但還是請大家體諒我，你們來的人實在是太多了。現在，全球已有近十億人因生態循環系統崩潰而走出了自己的家，來到我家，另外那十多億可能也快來了，你們是擅自闖入，侵犯了我這個公民的居住權和隱私權，社會機器採取行動終止你們的生命是完全合理合法的，如果不是我勸止了它們那麼做，你們早就全部被鐳射蒸發了。

「『但我確實勸止了他們，我是個受過多次超等教育的有教養的人，對家裡的客人，哪怕是違法闖入者，都是講禮貌的。但請你們設身處地地為我想想，家裡來了二十億客人，畢竟是稍微多了些，我是個喜歡安靜和獨處的人，所以還是請你們離開寒舍。我當然知道大家在地球上無處可去，但我為你們，為二十億人準備了兩萬艘巨型宇宙飛船，每艘都有一座中等城市大小，能以光速的百分之一航行。上面雖沒有完善的生態循環系統，但有足夠容納所有人的生命冷藏艙，足夠支援五萬年。

「『我們的星系中只有地球這一顆行星，所以你們只好在恆星際間尋找自己新的家園，但相信一定能找到的。宇宙之大，何必非要擠在我這間小小的陋室中呢？你們沒有理由恨我，得到這幢住所，我是完全合理合法的，我從一個經營婦女衛生用品的小公司起家，一直做到今天的規模，完全是憑藉自己的商業才能，沒有做過任何違法的事，因此社會機器在以前保護了我，以後也會繼續保護我，保護我這個守法公民的私有財產，它不會容忍你們的違法行徑。所以，還是請大家盡快動身吧，看在同一進化淵源的分上，我會記住你們的，也希望你們記住我，保重吧。』

「我們就是這樣來到了第四地球，航程延續了三萬年，在漫長的星際流浪中，損失了近一半的飛船，有的淹沒於星際塵埃中，有的被黑洞吞食，……但，總算有一萬艘飛船，十億人到達了這個世界。好了，這就是第一地球的故事，二十億個窮人和一個富人的故事。」

「如果沒有你們的干涉，我們的世界也會重複這個故事嗎？」聽完了第一地球人的講述，滑膛問道。

「不知道，也許會，也許不會，文明的進程像一個人的命運，變幻莫測的……好，我該走了，我只是一名普通的社會調查員，也在為生計奔忙。」

「我也有事要辦。」滑膛說。

「保重，弟弟。」

「保重，哥哥。」

在星環的光芒下，兩個世界的兩個男人分別向兩個方向走去。

第4章

父母的教育選擇？應包含孩子的選擇！

主・筆・開・場・白

教育選擇權是法律賦予父母的權利，因為我們都有一個共同的基本信念：爸爸媽媽是愛孩子的，是為孩子好的！但怎樣選擇才是真的好呢？「權威」與「控制」是我們特別需要小心的，本章藉由「選擇」的討論，提醒我們「做選擇」時該注意的要點。

——孩子不是我們的附屬品，你的孩子不是你的孩子。

父母的教育選擇權是在代替孩子行使應有的權利，很多人會說：「孩子懂什麼？這麼重要的事情，他們有能力決定嗎？我做這些都是為了他好！」過去在美國和日本皆曾出現弒母的社會案件，這些母親都希望孩子能按照自己期待的方式生活，而孩子卻在親手殺死母親後，才真正感覺到自由，即便需要接受法律的制裁，在監獄中服刑，都感覺比在母親身邊自在。**我們用什麼樣的方式去愛孩子？是每個父母親值得反覆思考的問題！**

天下無不是的父母？不要讓自己的愛成為孩子的阻礙

當父母在選擇上給予其自由，孩子就擁有生長的空間，生命得以發展。父母在教養上的功能是灌溉，創造一方沃土，讓孩子得以在這裡自由生長。太多父母的問題不是愛太少，而是愛太多，以及用錯愛的方式。過去常聽到，有的孩子非醫學系不念，每年重考，就是為了拚上醫科，這些孩子很多來自於醫生世家，家族文化隱藏著沒當上醫師就是魯蛇。

在師範院校體系也有同樣情形，很多家長期待孩子未來能進入公務體系或擔任教職，求的是一份穩定。因此，即使現在要能考取教職比以往困難許多，懷抱著考上教職等於自我實現的想法，每年仍然有許多人前仆後繼的努力。但當中有多少人是對教育有熱情，而不是只為了求溫飽。

到底有多少孩子的人生被這樣的觀念耽誤？價值觀的形塑是潛移默化的，有哪個家長是從未來而來的？不然怎麼會對自己過去的經驗深信不移！大人們習慣用過去的經驗來教養小孩，但世界已經不一樣了，而且改變只會越來越快！

積極的自由（freedom to）與消極的自由（freedom from）

父母替孩子選擇學校的心理狀態，通常包含兩種思維模式，其中一種是逃避既有的環境，免於（freedom from）舊環境、舊思維、舊方法對孩子的影響；另一種則是選擇（freedom to）一個適合孩子的新環境。

若個別化教育是我們追求的理想，那就不會出現一種模式適用於所有孩子的思維。模式的概念，是能夠符合某一類人的需求，而傳統的教育模式則希望滿足大多數人的需求。

我們常聽到：「孩子適不適合？」

比較少會聽到：「有哪一種模式適合我的孩子？」

而父母在落實教育選擇時，應該思考的是：

什麼是我孩子需要的？

選擇學校，是許多父母在陪伴孩子成長過程中的難題，過去比較公校和私校，在實驗教育三法通過後，又多了實驗教育這個選項。父母落實教育選擇的目的，不外乎是幫孩子挑選一個適合的學習環境。在選擇學校之前，應該要花時間認識自己的孩子，而非單純追求世俗的價值與標準。每一個孩子都有專屬的生命樣態，孩子這輩子不是來完成父母的使命的。

過去曾經有孩子跟我說：「自主學習太累了！需要自己有目標，在現行體制學校，我只要乖乖讀書就好。」

是的，被餵養、按照他人的邏輯行事是輕鬆的，這是孩子真實體驗後的回饋。承擔責任本來就不是一件輕鬆的事，有的孩子甚至願意選擇走回老路，回到舒適圈。這樣的狀態，就和大學畢業沒有目標，直接選擇讀研究所的青年一樣，想盡辦法延緩自己面對現實。如果我們的教育環境，培育的人民都抱持這樣的心態，那會是一件多麼可怕的事。

選擇？影響選擇的重要因素

環境對於人的影響是重要的，當代也有不少孟母，為了子女的教育，遷戶口或改變居住環境。除了公立學校以外，這幾年選擇個人自學、參與自學團體或實驗教育機構的人數也大幅提升。爸爸媽媽在選擇學習環境、學習方式的過程中，難免徬徨或不知所措，有鑒於過去這些年實驗教育工作的經驗，陪伴家長和孩子們進行選擇，我們知道影響家長選擇的重要因素有：

(1)孩子的特質與需求

(2)不同教育理念的學習環境

(3)整體負擔（家庭經濟狀況、交通時間）

通常第一點和第二點是需要綜合考慮的，當父母在進行選擇時，不要忘記自己是暫時替代孩子落實這樣的選擇權，家長只是孩子當下的代理人。有時候我們會聽到孩子抱怨：「當時我根本沒有想要轉學！」當孩子內心不斷產生這樣的抱怨和疑惑時，也會對學習成效產生影響。

有效的選擇應該是親子同心，轉換學習環境，是彼此的共識和共同努力的目標。

平時有在陪伴孩子學習的家長，對於孩子現階段的學習狀態，就會有比較好的掌握。適時地和學校老師討論，了解孩子在學校的表現，比如孩子的各項學習表現、人際關係、興趣喜好……等。放假在家的時候，也可以創造與孩子共同學習的環境，培養共同學習的經驗。別忘記，學習不只發生在學校，沒去學校的時間，孩子也不會停止學習。

至於經濟的負擔，我認為也是在選擇學習環境時的必要考量。很多家長會提到，不論是選擇自學，或是參與實驗教育，勢必都會有一筆額外的花費。以目前的大環境來說，的確是這樣沒錯。不過，若以此來批判實驗教育，我覺得是有失公允的，因為政府每年補助學生就讀公立學校的經費，不一定比實驗教育團體和機構的學費來得少。若從更宏觀的角度來解釋這件事，未來應該要從教育補助的方式來思考如何解決這樣的問題。

當然，以現況來說，若非家庭經濟狀況有餘裕，要選擇參與實驗教育也是不容易的。但這裡仍然要提醒各位爸爸媽媽：**參與實驗教育不等同於自學，自學能力的培養也不一定要在實驗教育中。**

此外，近代仍存在著不少孟母三遷的故事。以無界塾來說，我們目前有每天從臺中、新竹北上來學習的孩子。往好處想，透過這樣的形式，我們可以盡早培養他們自理與自我照顧的能力，但並不是所有孩子都能適應這樣的生活作息。當然，也有不少家庭在轉換新環境後，選擇舉家遷移，掀起一波所謂島內的移民潮。

如何面對新的選擇？

關心教育的爸爸媽媽們，當教育市場上有新的選擇出現時，自己一定要先花時間做功課，了解學者的教育理念。在網絡時代，許多資訊都是公開且容易取得的，只要上各縣市政府教育局網站逛逛，就會有不少收穫。也可以透過社群媒體，尋找過去或現在選擇這樣學習環境的家長，甚至機構教育工作者，看看他們平時的分享，也有機會了解學習環境。

在實驗教育三法通過後，家長多了許多選擇，比較常聽到的有蒙特梭利、華德福、民主學校……等，當然還有其他許多不同教育理念的團體或機構。

當孩子確定要轉換學習環境後，要給予孩子時間適應，參與過程應充分與機構的教師溝通，協助孩子在新環境學習。當然，也有可能遇到孩子不適應的情形，面對這種狀況，爸爸媽媽一定要有耐心，給孩子一定的調整時間，定期和孩子討論並檢核自己的學習狀態，過程中可以設定停損點，決定應該持續堅持，還是要再次轉換。

面對選擇，沒有最好，只有適合與不適合！

不要忘記，並不是讓孩子參加實驗教育，就等同於在培養孩子自主學習的能力。因為當孩子完全依賴外在環境給予，就有違自主學習的精神。孩子自主學習的能力能否養成，父母和教育工作者的態度，以及創造的學習環境，是非常關鍵的因素。

別人的經驗聽聽就好，適合別人家的孩子，不一定適合自己家的。不同的孩子有不同的學習脈絡與學習曲線，有些孩子需要更多的時間、更多的陪伴和引導，培養自主學習能力需要孩子從行動中修正，對於自己有更多的了解，發展適合的策略。

大人通常對孩子都是有期待的！父母該對孩子有所期待嗎？教育工作者需要對孩

子有期待嗎？陪伴孩子成長的過程中，我們需要釐清：這些期待是建立在自己的虛榮心嗎？這些期待是為了完成自己當年未完成的夢想嗎？

期待應該建立在孩子的需求，
期待應該是孩子對於自己生命的想望！

因為沒有人能替另一個人做決定，每個人都應該要能為自己做主。選擇是自主學習的重要體驗，選擇隨之而來的是責任，自主學習是要讓孩子練習為自己負起學習的責任。當我們剝奪孩子自己選擇的機會，就代表要替孩子承擔責任，沒有任何一個人可以為另外一個人的生命負責。即便為人父母也是一樣。

我們不應該成為孩子人生的負責人。如果父母親了解什麼是自主學習，不論在何種學習環境，都應該能培養孩子自主學習的能力！不同型態的學習環境，都有培養孩子自主學習的機會。

第 5 章

方法論與學習實例操作

主‧筆‧開‧場‧白

〔觀念篇〕自主學習輔導陪伴模式

缺乏實務的理論是空的，沒有理論的行動是盲的。

在陪伴孩子自主學習的過程中，依循理論認識孩子的內在狀態，陪伴他們走出一條屬於自己的道路。

很多人都知道《伊索寓言》中鵝和金蛋的故事：農夫在鵝窩裡發現了一個金光閃閃的蛋，讓他驚喜的是這個蛋是純金的。這之後，農夫每天都可以從鵝窩裡拿到一個金蛋。然而當他日益富有，也變得越來越貪婪，沒有耐心等待每天只有一個金蛋，他想要一次拿到鵝身體中所有的金子，於是殺了這隻鵝，但結果卻是什麼都沒有得到。

在陪伴孩子學習時，有多少人會像這位農夫那樣，想以犧牲產能（鵝／孩子）的代價來提高產出（金蛋／成果）？大多數的人往往更容易關心效率，而非效能，為了提高效率而忽視效能，破壞了本質能力！

與自主學習相關的核心能力包含「自我決定」（self-determination）與「自我調節」（self-regulation），其核心概念後面會做介紹。此外，有些學者試著釐清這兩個核心能力對於自主學習（autonomous learning）的影響，這些在【觀念篇】中也都會提到。

什麼是自我決定論？

自我決定論是誰提出的？

愛德華・德西（Edward L. Deci）與理查德・瑞安（Richard M. Ryan）提出自我決定理論（self-determination theory, SDT），認為自主性是人的基本需求，這樣的假設是以動機理論為基礎。

自我決定論的核心概念如下：

❶認為人天生具有好奇心和自我驅動力，願意追求成功，因為這些行動會帶來滿足，但卻常因後天因素而變得被動或機械化，喪失自主能力。

❷將動機分為自主動機（autonomous motivation）與控制動機（controlled motivation），所謂的「自主動機」指個體內在產生的動機，「控制動機」則是透過外在控制或要求而生的動機，這個概念接近動機理論當中的內在動機與外在動機。

❸當孩子自主動機越強，自主學習能力也越高，而長期依賴控制動機則對自主學習的養成有負向影響。換句話說，激發孩子學習的內在動力，自主代表一個人具有內在支持的行動力，包含採取行動的驅力和持續力。

什麼是自我調節學習？

利莫曼（Barry J. Zimmerman）認為具備自我調節學習（self-regulation learning）的孩子，將學習當作是為自己努力的活動，而非對教學活動進行被動反應。自我調節學習的核心概念如下：

❶自我調節的目的是為了達成目標，形成自己的想法、感覺和行動。

❷自我調節的終極目標是達到好的自我效能（self-efficacy），像是自我監控的後設認知能力，重視個體的認知調節能力，當中包含自律性。

❸關注孩子如何控制與調整自己的認知學習歷程，孩子的學習策略可以透過嘗試、覺察與反思發展而成，而非直接模仿或被灌輸。

當孩子在學校學習時有不懂的地方，不論是課後和他人討論，或是找相關的線上影片來學習，再重新透過心智圖將重點整理下來，當他發現這個方法對自己學習是有幫助的，便可運用這種學習策略。通常後設認知較強以及常自己動手解決問題的孩子，產生學習策略的能力比較好。若只單純接受他人指點，自己沒有親身實踐，能力也不容易提升。

——為孩子的自主學習提供鷹架支持，創造一個自主學習的生態系。

在了解理論之後，那麼要如何應用自我決定論與自我調節學習的核心概念，幫助我們陪伴孩子養成自主學習能力呢？

陪伴過程中需有意識地關注孩子的自我效能

根據自我決定理論，我們知道自我效能感高的孩子，自主動機高。自我效能可以從成功的經驗獲得，透過自身的選擇、嘗試與挑戰，以及成功或解決問題後的成就感，將形成持續探索的動力。

在學習的過程中，孩子運用方法完成一件具挑戰性的任務或解決問題時，就會越喜歡學習，並越來越能整合所學的知識與技能於新的學習中，對於生活周遭和所學相關的問題與事物更有興趣。

學習動機常與自我效能感互為因果，大人在日常生活中可以安排具有挑戰性的任務，並協助孩子自己完成。當孩子的學習動機被激發，成就感不斷累積時，更容易產生主動解決問題的傾向，願意嘗試各種解決問題的方法，成為自主學習者。

請避免不必要的競爭、比較和排名

孩子的自我效能感，除了來自完成任務的成就感之外，也可能來自與他人的比較。在團體中，即使不刻意排名，孩子都能很清楚知道誰表現得比較好。而表現比較好的孩子自我效能感較佳。競爭可能會激發少數人的動機，但卻會破壞大多數人的，這樣的現象在青春期更是明顯。

因此，**多元的表現形式和標準是重要的，這樣才能讓不同特質的孩子都有成功的機會**。在群學的過程中，鼓勵孩子們合作完成任務也會比競爭好得多，引導孩子看見真實的自己，現在的自己能超越過去的自己，就可以確保自己是不斷在進步的。

從孩子的興趣出發，試著啟動內在動機

孩子對學習的事物是否有興趣、想不想學習，常被視為自主學習活動安排的要

件。練習以孩子感興趣或與生活有關聯的事情來引起動機，這樣的安排可能讓孩子關注即將開始的學習活動，但若接下來的活動無法引發其對問題探究的意識，或是想尋找答案的意圖，很快他就會失去學習興趣。

內在動機應是持續性的，從生活到學校，從課堂內到課堂外。因此在規劃學習活動時，應對孩子的學習意義進行思考，選擇適切的媒介與策略。舉例來說，有的爸媽會認為有些學習不是課本教授的內容，甚至有可能不在課綱中，覺得孩子花時間學習這類知識是在浪費時間。

當你出現這個念頭時，請再次提醒自己內在動機的重要性，試著跟隨孩子的喜好，從他有興趣的事物引導，學習素材只是媒介，重要的是他在這個過程中習得了什麼樣的能力，過度的介入與限制很有可能會抹煞孩子的內在動機。

社會性增強優於物質的增強，小心胡蘿蔔只會越用越大

面對孩子不喜歡學習時，很多父母容易以外在獎勵來鼓勵孩子。但外在動機雖然能誘發短期的學習動機，卻常傷害內在動機，比較正確做法應強化孩子的自主動機，

小心地使用外在獎賞。

在自我決定論中特別提到外在動機（控制動機）對孩子自主學習能力的養成是具破壞性的。自我決定論認為控制性的社會力量，若要有助於自主學習能力的養成，應避免過度評價，僅提供訊息性的回饋，孩子可依據回饋訊息調整自我，而非在意他人對自己的評價，避免使學習受制於他人的好惡。

舉例來說，在和孩子討論自主學習計畫時，不要只跟孩子說「我覺得你規劃得很差」，卻沒有讓孩子知道是哪個部分和自己的預期有差異，應試著提供具體的建議，也讓孩子保有自己選擇與決定的機會。

透過問題導向學習培養孩子自主學習力

問題導向學習（Problem-based learning）是培養孩子自主學習常用的方式，從引發問題意識開始，讓孩子有問題想解決，提示孩子線索，讓他自己思考或與他人合作提出想法與解法，並實際行動與驗證。

而要提升孩子的自主動機，大人應給予引導、協助與回饋，包括評量活動的安排，提供孩子更多自我完成、自我選擇、自我克服困難與自我控制的機會。一旦自主學習能力養成後，孩子的學習態度、處事方法以及對問題的敏感度會展現在生活上。

分析影響孩子自主學習的因素

自主學習的產生，在於孩子有意識地根據自己所需而訂定學習目標，並且能對自己的學習產生監控與持續修正調整，其中包含了動機、目標設定與後設認知的能力。因此，影響自主學習成效的面向很多，像是學習情境、經驗、意願、自我效能感、歸因的方式、目標設定、認知策略、後設認知等內在與外在因素，都有可能會影響自主學習的歷程或結果。

#內在因素

包含個人特質、目標設定與運用學習策略。

個人內在特質影響孩子處理事情的方式。學者指出自主學習包含三項個人特質，分別是：自信、內控與成就動機，學習者能否積極控制自己的學習，是自主學習的重要關鍵。正向的動機就是能努力去完成自我引導學習策略，發現資源，遇到困難時能堅持；歸因理論則解釋個人對任務的失敗或成功的責任歸屬；自我效能跟孩子的動機與學習有著密切的關聯，具有自我效能意識的學習者常不滿意自己的學習，會不斷的修正學習策略，讓自己的學習更有成效。

參與目的是心理建構，隨著參與目的不同，選擇的策略與表現的行動也有所不同，有的學習者重視過程，有的學習者則在乎學習成果。

除了學習動機外，學習策略與後設認知策略是影響自主學習的重要因素。自主學習的過程必須運用一些學習策略來促進學習成效，包含對自我學習歷程的後設認知能力，知道自己的優弱勢能力，掌握自己在學習環境中可獲得的資源、可得到的協助，以及如何達到學習目標。

孩子的先備知識、認知能力與學習風格，影響著其對學習資源的應用。有時孩子雖然有高度的學習動機，但由於缺乏先備知識和經驗，在需要的時候卻未必能自動運用學習的資源與工具，大人則可從旁觀察並給予必要的支持。

#外在因素

自主學習是持續的過程，無法期待學習者瞬間就成為有效能的自我引導學習者，需要環境的滋養，才能成功發展。教學現場有許多因素影響著學習者的學習動機，包括教學者、教學方式、教學環境與資源、學習的任務、學生如何分組，以及參加的活動主題內容，都影響著學生的學習動機，進而對學習產生影響。

為自主學習提供鷹架支持

自主學習是一個持續發展的歷程，應提供一個讓孩子願意挑戰自我，發展自我引導能力的環境，但不是放他獨自努力，自己解決問題，而是讓孩子在學習歷程得到層層支持。如何讓孩子根據自我的學習特質向上提升，並發展成為自主學習者，其中重要關鍵在於大人如何精準的掌握孩子狀態，提供適切的引導。

伴隨孩子不同的能力與學習情境，不停調整鷹架呈現的狀態，提供的鷹架可能是書本，或透過網際網路提供資訊。有可能是一種教學策略、教學工具與協助性互動，包括：提供提示、重述問題、重述內容、詢問孩子已理解哪些內容、示範做法等直接性協助；或是安排能促使學生練習某些心智技能的學習環境，以提供間接性協助。

在自主學習的情境中，成功取決於是否能促進互動與激發孩子的潛能，鼓勵並期許孩子對自身的學習負責。

學習應以孩子為中心，大人的責任在於讓孩子的最大潛能得以發揮。要勇於放棄既有安全、固著的教學形式，重新提供學生刺激與鷹架，必須是主動與有能力的，並發揮個人、專業的領導技巧，實施有效教學，提供機會讓學生以自我的方式探索、學習。不僅是為了建立正向自我概念，更重要的是引導學生成為獨立自主的終身學習者。

每個階段陪伴者可以提供不同程度的自主學習經驗給孩子，大人的角色由誘導者到協助者，再到資源提供者，最終目的在於讓孩子自立、自主、自動學習。自主學習與以教師為中心的教學相較，改變的不只是管理經營，更重要的是態度。甚至伴隨著孩子不同狀況，採取多元的方式，使孩子產生最有效學習。

檢視一下，你是不是一個好的陪伴者

自主學習的陪伴者需要有意識的增權賦能，避免過度指導和壓迫，因為這樣做會擾亂孩子的學習步調。請試著把握以下十點原則，為孩子的自主學習撐出空間來。

◆陪伴者應掌握的重要原則

1 必須提供時間引導孩子反思，並聆聽孩子的想法。

2 提供開放與支持的學習環境，營造溫馨、安全的學習氛圍，接納每個孩子，鼓勵提問，小心處理批評的氛圍。

3 善用問題討論，讓孩子思考自己在學習活動中的角色。

4 強化動機與堅定學習方向，建立學習的態度與責任感。

5 藉由真實情境，引導孩子換位思考，練習面對衝突。

6 讓孩子練習運用證據等客觀條件來做決定。

7 讓孩子根據自己的興趣，決定學習內容、方式與評鑑。

8 不斷地思考如何讓學習變得更有意義，提升學習的效能。

9 運用多元的教學策略，像是腦力激盪、心智圖等方式。

10 有意識地保存孩子的學習歷程檔案。比如透過學習日誌的記錄，引導孩子反思，建立自我檢核的習慣，練習評估自己的學習成效。

◆陪伴者自我反思

爸爸媽媽可透過以下這些問題，檢視自己是否是個好的自主學習陪伴者。

- 您是否觀察到孩子對哪一方面有特別興趣？（　　）
- 孩子平常休閒活動時間多半花在哪些事情上？您的想法如何？（　　）
- 您覺得孩子平時能自主學習的能力為何？有哪些部分需要特別協助？（　　）
- 您覺得孩子在自主學習過程中的狀態為何？（　　）
- 孩子在進行自主學習的過程中，會主動請您協助的是？（　　）
- 在孩子進行自主學習時，您提供孩子的支持與協助是？（　　）
- 您覺得孩子的表現，值得稱許和可以調整的部分是？（　　）

養成自主學習能力的方法

情緒素養包含認識自我、理解他人與在情境中解決問題的能力（※請參考《曲老師的情緒素養課》一書）。回答「我是誰」這個問題，是每個人成長過程中的必修課，孩子需要有時間探索自我的興趣愛好，自主學習就是回到孩子主體思考，到底孩子想要什麼？需要什麼？在社會與情緒學習這樣的概念中，非常強調個體自我意識的培養，簡單的說就是每個人對於自我的認識。

認識自己是每個人一輩子的功課，雖然沒有人會逼迫你繳交這項作業，但自我概念清晰的孩子，在學習成長的過程中較能穩定的表現自己。

七個習慣 vs 自主學習

美國著名管理學大師史蒂芬．柯維（Stephen Covey）在其暢銷著作《與成功有約》

（*The Seven Habits of Highly Effective People*）當中提到七個習慣對於培養孩子的自主學習能力是非常重要的。雖然柯維用習慣來稱呼，但我認為這些所謂的「習慣」，代表的是七種「行動」，從原文來看也是如此（註）❻。而當孩子具備這七項行動的能力，就已具有自主學習的核心能力了。

其中前三個習慣，主動積極（習慣1）、以終為始（習慣2）、要事第一（習慣3）在書中定義為與個人成功有關的習慣，是讓孩子能從依賴狀態轉變為獨立的關鍵；雙贏思維（習慣4）、知彼解己（習慣5）、統合綜效（習慣6）則是與他人建立正向連結的重要習慣，是讓一個能把自身事務處理好，有基礎自學能力的孩子開始有能力向外連結，從獨立邁向能與人相互依賴。而不斷更新（習慣7）更是維持這個有機體穩定運作的關鍵。

---

❻ 從七個習慣的原文可知，這七個習慣都是動詞，代表七種行動：積極主動（be proactive）、以終為始（begin with the end in mind）、要事第一（put first things first）、雙贏思維（think win-win）、知彼解己（seek first to understand, then to be understood）、統合綜效（synergize）、不斷更新（sharpen the saw）。

◎從依賴狀態轉變為獨立的關鍵

#習慣❶——主動積極：成為自主學習者

在探討孩子的學習時，我們很常會關心的議題是學習動機、學習動力。主動積極強調個體的主動性，不論行動上的主動，或者是認知方面的主動建構與詮釋，都是自主學習者的關鍵。因此，一個具有主動積極習慣的孩子勢必在學習上能展現主動性。

學習的主動性建立在對於事物的好奇心，孩子主動積極的能力絕對不會是在被要求、被約束、被強迫的環境下養成。這就是為什麼我們常說，培養孩子的主動性，大人常常需要有意識地後退一步，讓孩子練習為自己選擇，為自己做主。而擁有自主學習能力的孩子，在學習上是不會顯得被動的，因為他很清楚，自己是生命的主人，學習是為了自己，而非為了別人。

#習慣❷——以終為始：設定目標的能力

所謂的終，指的是生涯的長遠發展，以及平時學習的短中長期目標，一個人活在這個世界的使命。傳統的教育常會告訴我們，先好好讀書就會有好的工作，就會擁有幸福美滿的生活，如果現在還有爸爸媽媽這樣教育孩子，那真的是落伍了。孩子在成長的過程中，必須有意識的試探，試探需要的是時間，需要的是陪伴與引導，爸爸媽媽不應該是目標的提供者，而是要成為環境的創造者與資源的提供者。

與孩子互動時，我常會問：「這個目標，是你的目標，還是爸爸媽媽的目標？」得到大部分答案都是：「爸媽的（目標）！中間有一點是自己的。」我覺得這樣的回答很真實！的確，孩子在學習過程中容易習慣滿足大人給的目標，甚至不知不覺以為這是自己設定的目標。所以我常提醒孩子們，行動前需要先清楚地知道自己為何行動？想要達到什麼目標？需要花時間與自我對話，至少要能整理好自己的想法，因為這樣帶出來的行動才會有力量。

擁有自主學習能力的孩子一定是習慣於替自己設定目標的，目標可以小到一小時內要完成的事情，也可以大到自己未來幾十年的生涯發展，甚至一輩子的使命。在目標設定方面，通常會運用管理學的SMART原則來協助孩子進行發展，比如目標是否具體？可以測量評估？是否可行？需要的資源為何？有多少時間完成這個目標？……

目標設定（S.M.A.R.T原則）與認知發展理論

S.M.A.R.T理論是由管理學大師彼得．杜拉克（Peter Drucker）在一九五四年提出的，是現今目標設定的重要參考。S.M.A.R.T原則之所以叫做「Smart」，因為它代表目標設定五個重要元素：明確的（Specific）、可衡量的（Measurable）、可達成的（Achievable）、相關的（Relevant）與有時限的（Time-bound）。

S：要達到的目標？為什麼需要達成這個目標？什麼時間要完成？需要哪些人的幫忙？需要哪些資源？

M：可以用哪些具體數據來衡量目標？

A：目標需要有挑戰性，但也要具體可行。

R：與這個目標有關的因素為何？和自己一直以來努力方向的關聯性？

T：設定完成目標的期限，也可以將大目標拆解成小目標逐一完成。

注意！當孩子規劃好自主學習的計畫時，請試著讓孩子理解計畫有時候趕不上變化，保留一定程度的彈性，不要想著一步到位，這兩個心態都是自主學習過程中的關鍵。

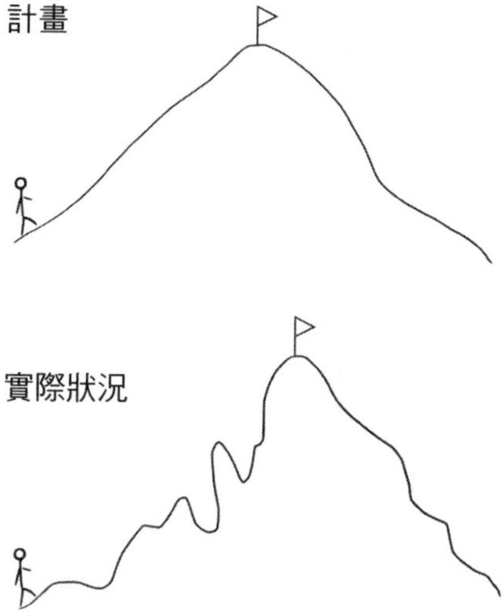

計畫有時趕不上變化，不要總想一步到位，要保留一定程度的彈性。

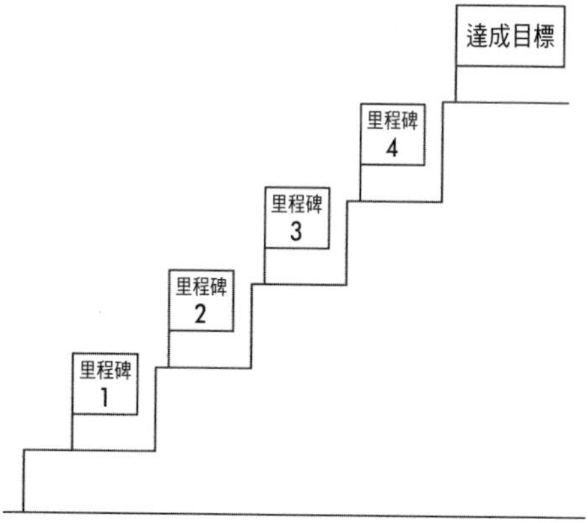

將大目標分成階段性的小目標逐一完成。

◆維高斯基的認知發展理論

對於目標的設定，發展心理學家維高斯基（Lev. S. Vygotsky）的學習理論中曾提到「近側發展區」（Zone of Proximal Development, ZPD），亦譯為「可能發展區」或「最近發展區」。指學習者現實及實際可達到的發展差距。這個差距是由學習者現階段獨立解決問題的能力與其潛在發展水平而決定的。換句話說，就是在學習者學習能力以內，但暫時未能理解的。近側發展區是形容還沒有成熟但正在發展的一個功能，此功能還在成長期，目前仍處於萌芽狀態，通常被比喻為「芽」或「花」朵，而非「果」。

維高斯基認為人的發展層次有「實際發展層次」與「潛在發展層次」兩種。前者指皮亞傑（Jean Paul Piaget）提出的兒童發展階段，在不同階段有不同的能力；後者則是在與他人合作下能夠解決問題的能力。而這兩者的差距稱之為近側發展區。每個孩子的基本能力（實際發展層次）和近側發展區都不同，教育應該要考慮個別差異，因材施教，這是教育工作者追求的重要目標。

同時他認為學習者不能在未有先前學習基礎或架構的情況下建立新的知識。學習能帶動成長，一個學習者可以做的工作（Task）可劃分為三個等級：可獨立處理工作、鷹架理論、需協助才可完成的工作。鷹架指的是一個介於學習者有能力與沒有能力獨力完成的工作之間。維高斯基認為，假若沒有人協助學習者去把新舊知識聯繫起來，學習者一般不能獨自跨過這個學習上的距離（即「近側發展區」）。而學習者在有能力者的帶領和輔助之下，他有能力完成的動作會有所增加。當學習者在這個鷹架中，他們能夠學習如何獨力完成有關工作。一旦孩子們成功了，就可以擴展自己的「可獨立處理工作」範圍。

#習慣❸—要事第一：分辨輕重緩急，有效應用時間

過去孩子們常告訴我，「我的時間無法規劃，因為很多時候都需要配合爸爸媽媽的行程或是家庭活動。」真的是這樣嗎？仔細想想，會有這樣困擾的孩子其實尚未具備時間管理的概念。當然也有一種可能，是爸媽真的幫孩子把時間排得太滿。要事第一是提醒我們要有效安排自己日常的時間，對於自主學習者來說，時間管理是必要的能力。

如果我們將日常生活中的事物用重要性與緊急性來區分，我們可以把所有可能發生的事件分別歸納到四個象限當中：重要且緊急、重要不緊急、不重要但緊急、不重要不緊急。對於有自主學習能力的孩子，學習對他來說絕對是重要的。至於是緊急的，還是不緊急的，就看學習目標的設定。舉例來說，有些學習需要時間的積累，像是孩子要準備考各種不同資格的檢定考試，他絕對不會只花一天就

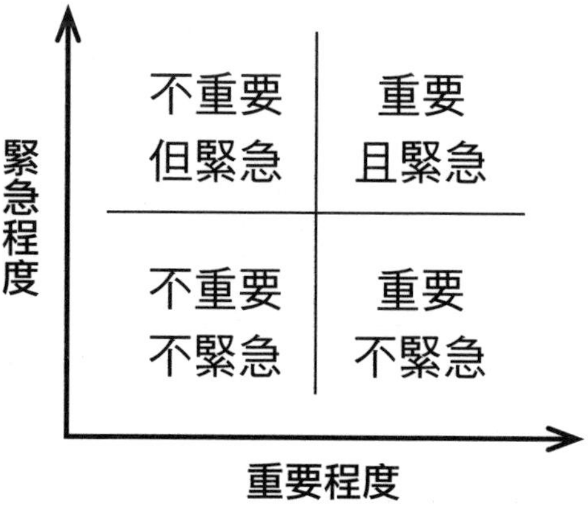

時段	一	二	三	四	五	六	日
：～：							
：～：							
：～：							
：～：							
：～：							
：～：							
：～：							
：～：							

■ 讓孩子在自主學習前做計畫，執行計畫後再檢視自己時間的運用。（左欄請學習者依自己的安排填入時間區段）

能完整的準備，這些需要時間練習的目標，我們就可以把它歸類在重要但不緊急。面對這些重要但不緊急的目標，如果未能有紀律的執行，很可能隨著時間的流逝，卻一點進度都沒有。在陪伴孩子自主學習的同時，很多時候需要提醒孩子不斷回頭思考有沒有將自己中長期的目標放進時間表。

至於完成平時的學習任務，也需要孩子有效的應用時間。我們都知道每個人的專注力是有限的，要長時間專注是不容易的事。鼓勵孩子掌握自己的學習狀態，知道自己適合什麼樣的學習模式，並善用適當的輔助策略幫助自我提升效能。舉例來說，可以準備一個定時器，分割出二十五分鐘的學習時間和五分鐘休息時間，善用番茄鐘工作法（Pomodoro Technique）的時間管理技術，讓孩子練習自我監控與自我管理，刻意將時間切斷，把握有品質、專注的學習時間。

◎從獨立邁向能與人相互依賴

自主學習指的不只是自己學習，也需要能和他人共學，在一起完成任務的過程中能向同儕學習，有些人習慣用「軟實力」來稱呼它。很多事情單靠一個人的力量是無法完成的，換句話說，習慣單打獨鬥的人通常沒有辦法完成真正艱難的任務。傳統的學習典範是「老師教，學生學」，孩子會習慣聽老師說，其實這樣的典範低估了人類的能力；自主學習典範提醒我們「學習不只是跟老師學，也可以跟同儕學」，每個人與生俱來的能力不同，在不一樣的家庭環境中成長，接受的刺激不同，思維的方式也很不一樣。相信只要我們願意，我們都可以從身邊的夥伴身上學習。我想大家都聽過「三個臭皮匠勝過一個諸葛亮」這句諺語，不是嗎？

#習慣❹－雙贏思維：替周圍的人設想

要與他人合作，必須先敞開心胸，避免過度的本位主義；要能夠和他人學習，應該時時保持謙卑，自大與自滿如同高牆般阻隔我們與他人的連結。有些孩子不願意採納別人的意見，在小組中常常堅持自己的想法，很輕率地就提出對於他人想法的批判，如此一來很容易中斷討論，也不容易真正聽到別人心裡的想法。

雙贏思維就像一個設定，讓孩子練習遇到任何事情之前都不要預設立場，更不要習慣於快速的結論，因為當我們認為自己已經找到答案時，大腦就會停止思考，而這對培養自主學習能力來說是一種阻力。

自主學習應該是永遠保持在探究的狀態，面對事物懷抱好奇。不是一群人聚在一起學就會產生群學的效果，因為如果是這樣，過去傳統的課堂不也都是一群人坐在台下聽老師講課嗎？

我常和孩子分享：我們可以保持思想的獨立，但這不影響我聽聽看別人的想法與建議。當孩子具備雙贏思維的能力，就有機會更多元的思考，因為我們每個人的腦都有慣性，和不同的大腦交流，有機會刺激我們看見事物的多樣性。

共學、群學在很多時候也需要孩子們一起完成任務，比較常見的就是合作完成報告、專案。缺乏雙贏思維能力的孩子在這個過程中一定困難重重，無法有效自主學習。鼓勵孩子們在與他人合作時，先練習設身處地替對方著想：

- 怎麼做對合作夥伴是有利的？
- 怎麼樣是對他人來說比較方便的？
- 我能為這個團隊貢獻什麼？
- 在我和他人開口要的時候，先練習想一想自己可以怎麼付出。

#習慣❺—知彼解己：能透過同理心的傾聽理解他人，適當地讓別人認識自己

當孩子認同自己可以向他人學習，透過與他人共學，將學習的效能最大化，就有機會真正達到群學的效果。而當我們保持善意與彈性，去除本位主義對我們的干擾後，需要學習的是與他人共學的技術。

聽得懂別人說話，聽得懂別人話中的含義是一種技術，這也是知彼解己強調的，要能以同理心傾聽他人，同時也要用尊重他人的方式讓對方理解自己。簡單的說，知彼解己就是溝通與討論的技術，如果缺乏這樣的能力，群學很容易產生負能量，甚至在任務還未完成時，團體就瀕臨解散。如果我們認同群學是自主學習典範中的核心要素，那培養自主學習能力怎麼能不培養孩子溝通協調的能力呢？

#習慣❻—統合綜效：與他人共創，讓一加一有機會大於二

五個人單獨面對問題時，我們很可能會看見五種不一樣的解決方案。當孩子具備雙贏思維與溝通協調的能力後，就有機會能在團隊中凝聚共識，找到當下比較合適的策略。這個策略不是單一個人的意見，可能取自於某幾個夥伴不同點子的集合，在共

學過程中每個人都能扮演自己不同的角色，為達成共同目標而努力。統合綜效的能力充分展現出群學所需具備的能力，也可以說統合綜效就是自主學習典範的核心精神。

◎維持個體穩定運作的關鍵

#習慣❼—不斷更新：自主學習的目標是成為終身學習者

柯維提醒每一個人在人生的旅程上需要不斷的調整自己，調整的目的是讓一個人能維持穩定，其實這與自主學習的目標是相符的，所謂自主學習能力的培養，就是希望孩子在態度上能成為主動學習者，在人生當中能持續學習，以因應未來社會的快速變化。當然，不斷更新談的不僅僅是認知與技能上的更新，也包含一個人身體與心理的健康，以及心靈的富足。

當孩子具備自主學習的態度與能力後，他就有機會「自動化」。面對未知陌生的情境，他會去探索與觀察；面對未知的問題，他有機會找到介入的策略與方法並善用工具，過程中能適時地找到自己需要的資源，包含建立人與人之間善的連結，匯聚不同的意見、想法，充分討論與交換意見，然後才做出決定。

☀ 培養自主學習能力的必要成本

我們一再強調，自主學習不是一種教學方法！它不是一種教學技術。陪伴孩子養成自主學習的過程中，我們應該持續不斷地引發孩子思考：

- 你為何學習？你想要學什麼？
- 你要怎麼學？你需要什麼資源？
- 你覺得我們可以怎麼幫你？

（請持續回到自主學習的核心命題思考）

孩子有時間耍廢？如果都在耍廢呢？
培養孩子的自主學習能力，你能接受孩子浪費多少時間？

想一想，從小到大，我們自己浪費了多少時間？曾有孩子告訴我：「如果我能更妥善運用自己的時間，我應該會比現在更厲害！」我回應他：「你現在知道還不遲！」

如果要透過浪費時間，才能體會時間的寶貴，那就浪費吧！這比大人們在旁邊苦口婆心來得有效多了。

耍廢是現在很多孩子的流行用語，白話意思就是：浪費時間！我認為不能僅以結果來評斷孩子使用時間的效益，花了時間沒有產出，花了很多時間沒有成果，這樣的狀態在很多富含創意的工作中不時可見。每個人的生命本質就是藝術品，我們不可能在世界上找到兩個完全一樣的個體。有意識的安排時間，在每次的互動後留下紀錄，**我相信走過的路不會白走，生命應該浪費在美好的事物上！**

學習是孩子的責任，當我們比孩子來得急，容易讓孩子在互動關係中迷失，以為學習是別人的責任。常有父母親會擔心孩子回家後，沒有善用時間把作業完成，隔天到學校會被老師責罰，我覺得這是一件很搞笑的事。

學習典範的轉移是一種換血過程

很多父母親不相信孩子有自學的能力，常抱持著懷疑：孩子怎麼可能有辦法知道自己要學什麼？怎麼有能力為自己規劃學習計畫？孩子怎麼可能有效的應用時間？所以許多孩子往往習慣等著大人的指令，等著大人把標準答案告訴自己，而大人則沉醉於這樣的假象，誤以為能掌控孩子，覺得這種可控狀態讓人安心。

但其實自學是人類的本能，自學能力源自於我們對世界的好奇，是我們探索與認識世界的方式，而傳統的學習模式容易扼殺原始的學習動力，被餵養長大的孩子容易喪失本能，久而久之沒有人餵就不會學。

從傳統的學習典範轉換成自主學習典範是一種換血的過程，這樣的過程不是學習一種新的能力，而是找回自己與生俱來的自學力。因此，在陪伴孩子自主學習時，**大人需要有意識地克制想要控制的衝動，要向後退一步，試著把手放開，給予孩子空間嘗試。**

留白給孩子是賦權，讓孩子自己練習運用時間

的確，要養成這些能力不容易！但也因為不容易，才更值得我們花時間。當我們相信這些能力是重要的，我們就需要讓孩子有機會練習。畢馬龍效應告所我們：孩子會順應我們的信念發展，當我們相信他可以，孩子就有機會做得到。

過去我常鼓勵父母要留白給孩子，不要把生活填滿，留給孩子自己安排。這樣的

經驗對自主學習典範來說是重要的，當孩子被賦權，能力就有機會展現。即便在過程中可能會犯錯，但只要能習得這個能力，這些錯誤所付出的代價是值得的。

自主學習典範的陪伴模式

陪伴孩子自主學習時，我們應該成為怎麼樣的大人？究竟什麼事該做？什麼事又不該做？

如何自處成為大人們在面對孩子自主學習時的功課。過去辦學的經驗中，我遇過許多徬徨無助的家長，在放與收之間不知道該如何平衡。其實只要把握下面幾個關鍵心態，就有機會開啟自主學習典範的陪伴模式。

先練習把孩子當成對等的夥伴

如果我們只把孩子當成孩子，那他永遠都只是孩子！畢馬龍效應（自我應驗的預言）說得很清楚，孩子會依照我們對他的期待成長與發展，我們心裡覺得孩子是怎麼樣的，他就有可能朝那樣的方向生長。

大人時常用不對等的方式來對待孩子，比如在跟孩子說話時，使用的語言與對待其他成人的方式不同，當中很多時候充斥著權威感與不信任。許多大人不在乎孩子的感受任意說話，或是根本沒意識到這也是一種壓迫。當大人把孩子當作孩子時，有可能會無意識的貶低孩子。

不要被過去的經驗所侷限

大人也很容易用既有的經驗，不斷地選擇一樣的方法來解決問題，因為大多數的人都是這樣做的！面對孩子時要抱持著好奇，去感受體會彼此的互動關係。

就像前面提到的，很多父母親其實不相信自己的孩子有能力自主學習，不相信自己的孩子可以設定自己的學習目標，也不相信自己的孩子能夠妥善的管理時間，因著這些不相信，連帶衍伸出許多管理的手段與措施。

如此一來，孩子沒有自己的時間，甚至缺乏機會練習自主。久而久之，孩子也習慣被管理、被要求，忘記自己心中原有對於學習的渴望，對於這個世界失去興趣。而被管理被要求的過程，使得孩子對這個世界原始的悸動消逝了。

練習創造有品質的相處時間

大人要用同理心去對待孩子，認識孩子的特質，試著了解孩子的需要，並用與孩子相同的視野和他們進行對話，透過創造成功的經驗，建立起孩子的自信心。

培養自主學習能力的過程，比傳統的學習方式更考驗親子關係，爸爸媽媽有可能是啟動自主學習時的第一位教練。如果親子間缺乏好的互動關係，這樣的互動歷程難免緊張，孩子需要耗費心力擔心，甚至焦慮，擔心自己表現得不到父母的肯定，也擔心自己的努力方向不被爸媽認同。

當父母與孩子有好的互信基礎，孩子感受到被父母支持，自主學習能力將得以開展。這不是一件簡單的事，對於自主學習能力的養成是極為重要的任務，過程中要讓自己保持彈性，避免陷於過去的窠臼或是傳統的成功模式。換句話說，**大人在陪伴孩子自主學習時，同時也處於自我更新的狀態，而當這樣的模式啟動，便接近我們不斷提到的終身學習狀態。**

讓孩子練習承擔自己學習的責任

在大人以為要透過學習計畫，讓孩子的生活遵循既定的模式之前，孩子其實早就開始學習了。

學習是人類的本能，想引導孩子，大人必須與孩子共同成長。一旦你願意這樣做，將獲得進入孩子內心世界的「應許」。所以，大人應該盡早讓孩子練習承擔責任，因為在學習自己解決問題的同時，責任的承擔也伴隨其中。

也就是說，大人必須要練習讓自己往後退，過程中不要搶著表現，自主學習是以孩子為主體，旁邊的人是配角，而非主角。爸爸媽媽記得不要搶鎂光燈，把舞台還給孩子，當我們這樣做的時候，孩子自然會有感受，了解父母是為自己著想的，過程中的抗拒與衝突就會降低。

提升孩子解決問題的能力

真實體驗對於提升孩子的主動性與創造力是有幫助的，父母要允許孩子去嘗試，甚至給予稱讚及鼓勵，即使這樣的嘗試短時間內會增加負擔。舉例來說，要讓孩子更有意識的強化對環境的感知能力，就必須讓孩子學習辨識與判斷什麼是危險的。

爸爸媽媽只有在緊急時刻介入，並且耐心地對孩子詳細說明，為什麼自己這麼做的原因，比如為什麼有些原則必須堅持。此外，對於孩子的期待，父母也需要謹慎地給予承諾，這是與孩子建立互信關係的關鍵時刻，輕易破壞承諾會影響我們和孩子的關係。

#讓孩子練習做決定

鼓勵孩子積極參與家中的決定，這樣由大家共同做的計畫而產生的責任，就可以由每個人一起承擔，不會只落在一個人身上。

每個人都透過實際選擇在練習選擇，都藉由做決定練習做決定，過程中受挫或面對困難是很正常的。當孩子遭遇到困難時，不要只是簡單地示範一次，或是在孩子無法完成，感到挫折時，什麼都沒做，就待在一旁看，而是要利用您那「看不見的手」幫助孩子獨自完成任務；當孩子弄壞了某樣東西，不是立即給予處罰，而是和他一起想辦法解決。在討論解決方案時，不要只有「可以」與「不行」兩種選擇。盡量避免用負面的語言，即使你不是完全贊同他的做法，也請找出他值得稱讚的地方。

#親子關係仍是關鍵，重視雙向對等的溝通

父母要能理解孩子的感受，情感的發展與智能一樣重要。處於叛逆期的青少年，通常會抗拒父母的命令及諄諄教誨，與這個年紀的孩子溝通，**不要使用教導式的口氣，而是要用「感同深受」的詢問方法**。

情感是那麼的多變，與思考同樣重要。限制感覺的表現會造成情感的匱乏。讓孩子每週與其他同儕互動，這對小家庭來說特別重要。群性的培養需要練習，過程中不要拿孩子和其他人比較，與孩子相處時要保持愉悅、輕鬆、幽默、不大聲喧譁、不說髒話、不強迫、不打罵、不要馴服孩子。每一個孩子都是一個獨立的個體，需要自己私人的領域。**尊重孩子的私人空間，就像他有自己的小房間，進去前請先敲門**。

孩子是學習的主體，創造對等的互動方式

界線不是只有大人可以決定，自主學習的過程中，任何決定應該都是由大人與孩

子共同討論訂立的。其實孩子並不需要聽話，或是接受權威式的壓迫，如果我們能成為孩子可以信任的大人，他們的配合會是自然的。

孩子從不成熟邁入成熟的過程，其實是渴望他人支持的。換句話說，他不聽話，很多時候並不是你說的沒道理，而是彼此的關係與信任尚未建立。所以我常開玩笑的和爸爸媽媽說：「忍住！除非孩子自己提出問題，否則你們不要給予任何建議！」

切記，**大人應該用孩子的視野來看問題，如果有不懂的，請試著和孩子真誠的對話，從孩子身上找答案**。

引導孩子自主學習的關鍵，除了把學習主控權還給孩子與建立關係之外，能主動積極的溝通，能夠跳脫既有的框架思考，不預設立場的對話，還有保持耐心與對孩子的狀態充滿好奇。此外，大人應該示範換位思考，甚至要有意識地和孩子進行角色扮演的練習，過程中不斷透過不同觀點提出問題，讓孩子有機會藉由這個歷程探索與思考。讓孩子自己找到答案，引導孩子發現整個過程中不同環節的關聯，形塑系統性思考的能力。這些都是陪伴者的關鍵能力。

【當孩子自主學習的能力被啟動】他們就會想要共同承擔責任，以尋求解決問題的方法，同時能願意以創意的方式完成任務。在陪伴的過程中，如果只是不斷的批判或指導，容易讓孩子緊張，過於主觀的價值判斷，也容易讓孩子產生壓迫感。

【當孩子具備自主學習的習慣時】他們就能運用自己的方式練習解決問題，能提升對周遭環境的注意力，也會讓身旁的大人有意識地注意自己的言行，促進相處時的品質。父母應該是孩子值得信任的好夥伴，而非孩子生命的規劃者。把自己限制在自我設限的區域裡，將無法發現事物的可能性。

自主學習能力的培養，並不是提供孩子樂譜，而是要給他和弦符號，讓他們隨心所欲的即興演奏。一開始並不需要精湛的技巧，只要能演奏幾個音節，孩子就可以找到自己的音色與韻律。當孩子能同時注意他人的韻律並相互協調，就能讓演奏和諧。

生活中，面對許多現實情況時，我們難免需要妥協，其實「妥協」不是負面的詞彙，妥協是為了達到目標，讓所有參與者獲得驚喜的結果，有機會在日常生活中創造雙贏。

是陪伴不是陪「絆」，避開可以避免的錯誤

注意！有兩種做法，不僅無法增進孩子的自主學習能力，反而還會帶來反效果。

第一種是大人給孩子做決定的空間，完全將自己的角色抽離，在孩子能力養成的過程不給予任何指導，也不提供任何方向。讓孩子進行漫無目的行動，這種做法將無法讓學習聚焦與深化，也可能因為缺乏學習的挑戰，而弱化學習動機。

第二種是當孩子被要求的表現超出其能力太多，只能依照大人的指引一步一步完成任務時，這樣的安排無法讓孩子獲得自主學習的滿足感，反而容易增加挫折感，導致放棄，甚至誤解大人只想彰顯自己的能力。即便孩子能完成原先設定的目標，也不會認為自己很棒，因為他展現的是大人的厲害，而不是自己的能力。

◆陪伴孩子自主學習的個人檢核

資深學習者要能有意識的擺脫「權威」和「控制」，而我們是否能扮演一個稱職的陪伴者，可以透過填寫個人檢核表（一九二至一九四頁）提醒自己。

（※請回答以下問題，進行自我檢核，若有符合自己的描述，即在方框中打勾。）

□陪伴孩子時我能覺察、感受、理解與提供選擇。

□我願意溝通，因為我相信當我願意這麼做時，孩子和我都是贏家。

□我可以把願望分成可實現的幾個小段，那麼整個願望便能更無壓力地實現，而不會引起親子間的衝突。

□我知道耐心是啟發的基礎，要放慢下來，給孩子時間，才能讓幼苗成長。

□我相信規則若是孩子和大人以平和的方式共同制定，將能產生良好的效果。

□我會以遊戲的方式告訴孩子，一個活動的結束，也是另一個活動的開始。

□我會觀察孩子的節奏，會發現有一些被打斷的活動，其實是孩子自己在幾分鐘內就會結束的，孩子也是喜歡計畫的。

□我會跟隨孩子的節奏，讓孩子主導，找到自己的節奏。

□我可以掌控的危險就像疫苗接種一樣，及早注射小劑量的「危險疫苗」，將能幫助孩子掌握無法預見的嚴重危險。

□我讓孩子在犯錯後願意承擔責任，有助於提升自信與強化危機意識。

□我會對孩子的能力自然展示信心。有時只在一旁觀察，也是表現支持的方式。

□在孩子學習面對危險的過程中，我做為孩子的夥伴，對於特別的課題，應該具備專業的啟發知識。挑戰有時代表啟發者必須介入，而非袖手旁觀。

□我認同孩子的疑問和好奇心，是幫助他們找到問題核心的自然工具。啟發者同樣也可以這樣問孩子，而且是一直問，不斷地問。在不斷追問的過程中，孩子將會逐漸界定出問題，然後找到適合的解決方法。

□我相信即使是日常生活的共同行動，大人與孩子都應該一起對計畫負責。

□我認為調停爭執是有方法的，讓每一方都能暢所欲言是基本原則。在任何情況下，溝通比爭執來得好，有助於雙方理解彼此的意見。

□我相信依照孩子的個性量身訂做的方法，才能幫助他得到進步。孩子是依照自己的節奏來發展自我。自主學習是教他抓魚，而不是抓魚給他吃。

□我認為保持幽默感，有時誇張可以製造趣味效果。利用想像力和當下的情況做比較，不只可以舒緩壓力，還能輕輕鬆鬆地就把問題解決。

□我會將孩子的願望和遊戲式DIY相互連結，讓孩子藉此探測隱藏在物質願望背後的真正興趣，並進行實驗。

□我覺得角色互換有助於對彼此的理解。利用角色扮演的遊戲，讓孩子針對可能發生的尷尬情形事先進行練習，可以使他更有信心自己通過考驗。特別是這件事攸關孩子的前途，更應該讓他負起責任。

□我會向孩子展示妥協是一種積極的概念，他會注意到創造雙贏的局面，讓雙方都能獲益。妥協可以創造無數的想像空間。

□我會觀察事物角度的多寡，可以決定觀點的寬度，鼓勵孩子關注生活中的日常，同時善用自己的想像力。

□我知道要達成目標有很多方法，給孩子選擇，有助於增進親子關係。孩子可以決定的範圍代表安全界線，盡力提供多種選擇的條件，讓孩子參與決定，而不需要屈服於毫無選擇的情況。

□我認同父母是孩子人生路上的補給者，而不是目標設定者。父母的任務是要努力給孩子充滿想像力的鼓勵。透過協商與協調，可以讓孩子學習交易，並以有創意的方式來尋找決定方案。

未來終身學習者：能力的養成與素養的培養

時代演進的速度越來越快，終身學習是每個人必備的能力。而隨著網際網路的盛行，知識取得已不像以往那樣困難，我們的新課綱（一〇八課綱）也一再強調「要成為一位終身學習者」，那麼到底在培養自主學習能力時，我們應該要協助孩子養成哪些能力呢？

首先，要幫助孩子及早發展他的非認知能力與培養孩子的情緒素養。舉例來說，孩子應該具備情緒智能、誠實自信、學習動機、主動積極、創造力、溝通能力、解決問題及實驗精神、團隊合作、讓他人喜歡的社會行為以及冒險的勇氣，這些能力變得越來越重要。請不要再沉溺於灌輸孩子知識，知識只會日新月異不斷推陳出新，當孩子具備自主學習能力，才能順應改變不斷更新。

培養專案管理的能力

專案管理的能力與自主學習相關，或者應該說孩子在成長過程中養成自主學習的能力，其實他就已經具備專案管理的能力了。因為專案通常涉及到專案的開始與結束、經費預算、有明確的範疇及目標成果。這與自主學習中探討的目標設定與時間管理相同，對於很多家庭來說，安排孩子的自主學習課程時，考量預算也是很重要的。

培養自主學習能力，就是希望孩子能完成學習目標、安排學習計畫與規劃相關的學習活動。因此，我們可以運用以下五個W來協助規劃自主學習方案：

- 這個學習方案的目標為何？想要提升自己哪方面的能力？學習的內容是什麼？有沒有什麼條件限制？需要多少資源？（What）
- 為什麼想要進行這項學習方案？對我來說有什麼好處？（Why）
- 參與學習方案的成員有？當中的重要關係人是誰？資助者會是誰？（Who）
- 學習方案執行的方法是？如何評估學習的成果？（How）
- 整個學習的歷程中，在哪個時間點前要完成哪些學習活動和達成哪些目標？這個學習方案的終點（何時會結束）為何？（When）

PDCA循環

管理學中非常有名的PDCA（Plan-Do-Check-Act的簡稱）指的是循環式品質管理，透過持續的計畫、執行、檢核與行動來確保目標達成，並促進品質持續改善。這個企業界熟知的目標管理流程，是由美國學者戴明（William Edwards Deming）博士提出，所以也稱為「戴明循環」。

P指的是規劃（Plan）、D是執行（Do）、C是檢核（Check）、A為行動（Act）四階段，確保每次的目標都能達成。

「規劃」是指建立一個明確的目標，同時擬定執行計畫與程序；「執行」是執行規劃的計畫與程序，同時收集資訊，幫助整體學習方案的修正與改善；「檢核」是將收集到的訊息和預期設計進行比較，也就是與計畫階段的學習目標進行對比，同時思考並提出修改方案，以提高計畫的可行性；「行動」則是尋找策略，縮減計畫目標和執行結果的差距，使下一次的計畫更加完美。

自主學習能力的養成需要一次又一次自主學習經驗的積累，過程中的不斷修正是提升自主學習能力的關鍵。PDCA的精神本質上與成長型思維的概念相似，相信每個人永遠都有可塑性，相信沒有最好只有更好。

#群學中的挑戰：與他人合作的失敗經驗

林格曼（Maximilien Ringelmann）提出社會浪費（social loafing）的概念，也可稱為「社會性懈怠」或「社會遊蕩」。指的是在團體作業時，個人工作效率會隨團體人數增加而下降，個人在團體中工作量削減，無法達到團體最大潛能的現象，稱為林格曼效應（Ringelmann effect），或稱為歷程損失（process loss）。簡單的說，就是有人會打混。面對這種狀況，就會產生負能量，同儕可能會相互責怪，或是等待有人主動。

從失敗的合作經驗學到什麼？近朱者赤、近墨者黑？在求學階段養成與他人協作的能力是為未來做準備，很多人會說社交技巧是軟實力，對於一個人長期的職涯發展有重要的影響。因此，不論在哪種型態的學習環境，我們都應該有意識地協助孩子培養與他人合作的能力。

有合作經驗的人就會知道，好的合作狀態除了能讓事情順利推展，也有機會發展出正向的人際關係，實際影響一個人的生活滿意度與幸福感。不好的合作經驗亦然。當孩子有機會與他人合作進行學習時，我們非常有機會聽到他們抱怨自己的同伴，這樣的狀態是正常的，因為與他人合作本來就不是一件簡單的事情。

利用社會心理學策略引導孩子自主

雖然我們說孩子是學習的主體，但在他們養成自主學習的過程，很多時候需要大人有策略的引導。而在引導孩子自主學習的過程中，有時候會應用社會心理學的理論，比較常見的兩種策略是：腳在門檻內策略（foot-in-the-door technique）和門在臉上策略（door-in-the-face technique）。

所謂「腳在門檻內策略」，是指剛開始只提出小要求，等孩子答應後，再提出一個相關較大的要求，則較大要求被接受的機會將會增加。這是一種利用同意先前行為的態度，提升順從後接受較大要求的可能性，也稱做「得寸進尺法」。

會有這樣效果是因為孩子在過程中自我知覺改變。當他答應我們一個小要求時，會造成自我知覺的改變，認為自己是友善且樂於幫忙的，所以在我們接著提出大要求時，為維護自我形象，當然也就不必拒絕了。若第一次答應的經驗是愉悅的，孩子同意第一次小要求時，覺得自己是好的，沒有造成太大的不便或辛苦，就樂於答應第二次要求。

至於「門在臉上策略」又稱「以退為進法」，是指先提出一個會令孩子拒絕的大要求，等孩子拒絕後，提出一個小的要求，則小要求被接受的機會將會增加。在使用的訣竅上，兩次要求必須均由同一人提出，而且第一個要求必須很困難，孩子拒絕後不至於對自己產生負面想法。

會有這樣效果的原因是每個人都關心自己的表現。當拒絕一個大要求時，我們會認為是對方要求太過分了，這樣的情況下不會損害自我形象，但當對方改成一個合理的小要求時，我們仍然拒絕，就會顯得自己不通情理，甚至感受到不舒服。

創造成功的經驗

引導孩子進入學習的情境，目的是讓孩子能得到成功的經驗，而隨著這些成功經驗的累積，孩子對於自主學習將產生信心。

完成作業的目的不是交作業，而是為了學習。學習不需要過度，就和吃東西一樣，均衡飲食其實就和全人發展的概念相似。每個人體質不同，每個人的食量也不同，我們會建議孩子攝取固定的熱量和營養，但不會強迫，那麼我們會強迫孩子繳交一樣的作業嗎？

在晤談時，曾經有家長分享自己的孩子每天疲於奔命，就為了完成學校的作業。從放學要一直趕工到睡覺，假日也多半為了作業頭疼。就連在學校下課時間也都在補作業和訂正。我很誠懇的請父母親幫忙解救這個孩子。作業的本質是學習，但很明顯目前已經超越孩子現階段能力太多。

請幫忙和學校老師們溝通，彈性調整孩子的作業量。除了完成作業外，生活中還有許多值得孩子努力的。如果是我，寧願讓孩子花時間探索自己的興趣，發掘自己的喜好，才會產生內在動力，同時培養一些休閒愛好。花時間認識自己也是重要的人生作業啊！但應該沒有人會逼你交這項作業吧。

其實自學是一種精神，是一種學習狀態。**自主學習是一種心智活動，理論上它不應該受限於外在環境**。很多人認為自學就是要幫孩子規劃課程、找場地、安排老師，這些的確都有可能耗費經濟資源，但其實自學真正重要的不是這些，我認為即便在不同的教育型態中都有自學的可能。只要能掌握自主學習典範的精神，即使處在不同的教育型態，都能養成孩子的自主學習能力。

主‧筆‧開‧場‧白

〔操作篇〕實踐自主學習典範的方法

任務驅動式的課程設計，特別適合用來實踐自主學習典範。具體的方法很多，本章舉「組課共學」與「行動學習」為例，幫助讀者了解自主學習典範下課程大概長什麼樣子。

——拉高學習者高度，開門辦教育。

自主學習典範的核心元素包括：自主學習、無界學習、群學及生活實踐。目的在於讓學習者參與自己的學習治理，讓學習活動得以依據學習者的福祉為中心而開展，進行對個體有用的增量，進而在生活中落實，逐步習得追求自身幸福的技能與策略。「組課共學」即是實踐自主學習典範的方法之一。

組課共學實例操作

組課共學最原初的構想，至少在伊利許時就已經被具體提出，指的是讓「學習者」來構思並治理一門課程，而不是「國家」、「學校」或「老師」。其宗旨在讓學習者自己動手打造符合他自己學習需求的課程，因為老師和家長並沒有辦法一輩子陪在同學身邊，想要終身學習，就需要學會這樣的本事。

目前組課共學被應用在三個方面：

(1)幫助學生（資淺學習者）組課，參與自己的學習治理。

(2)培力老師（資深學習者），讓老師透過自主學習來認識自主學習。

(3)幫助成人（含老師）持續透過群學來實踐終身學習。

三者組課的過程大同小異。發起組課的那一個人或那一群人，我們稱之為「課主」，跑來響應課主，一起來參加這門課的叫「參課者」。參課者有時是課主的班上同學，有時不是，非課主本班同學跑來參課的人，我們稱之為「外修生」。

同學會想組課嗎？會。例如，同學們會因為喜歡日本動漫，跑去組日文課；也會因

階段重點	資淺學習者	資深學習者
導入討論模式	OST	課主搭檔討論
規劃課程	起草開課公告	
立約承責	張貼公告，進行廣宣	
學習、經濟、生活三種協作	聯絡參課者並收錢	
	按表定時間上課	
與外部對接的附屬事宜	評量	
	記帳	
	典藏	

為喜歡韓劇，跑去組韓文課。我看過課主與參課者最拚的一門組課是「第一人稱射擊遊戲」，他們請前電玩選手來教課，每次上課五小時，而且服從紀律。

同學們只會組遊樂性質的課嗎？當然不止，什麼樣的課都有人組。一個二十至三十人的班，在四年半裡面組了一百二十門課並不算很多。青菜蘿蔔各人各愛，像是「自然科學概論」、「進階數學及科學」、「地球大歷史」、「組裝收音機」、「維修電腦」、「當代社會」、「生活速寫」、「烹飪」、「烘焙」、「街舞」、「籃球」、「射箭」……都會有人想組。其範圍涵蓋語文、數學、自然科學、社會、藝術、身體等所有領域。當然大人也要跳下去一起組，切勿只出一張嘴。

多大的小孩可以開始讓他們組課？我最小帶過小學的，但我認為幼兒園的小朋友也可以組課，只是流程和步驟可能需要更簡化。

(一) 導入討論模式

組課共學的第一步，就是將準備開課的課主們導入討論模式。在這個模式下，自己覺得已經想明白了還不算數，要自己先把想法打磨到一定通透的程度，至少能解釋到夥伴們聽得懂，彼此才有辦法協作。

對組課共學的新手來說，最好使用OST（Open Space Technology，開放空間會議技術）來幫忙營造討論環境。OST是參與者驅動的，而不是組織者／召集者驅動的討論模式。臺灣有開拓文教基金會專門在推廣這一門討論技術。「六年制學程」也是在二○一六年二月十七日至十八日，花兩天的時間來帶領同學開始組課共學。目前政大實驗教育推動中心的「實驗教育工作者培育」與社群自辦的「海星培力」，也都會運用OST來帶領新手進入組課共學。

對有經驗的老手來說，大約有幾位開課的課主組成搭檔，就可以構成相當有效的組課發起討論。在這個階段，課主要對「想幹嘛？」討論出共識，也需要盤點並綜整課主們手上的人脈資源，如果是老練的課主，乘法協作這個時候就會發生了。再來的討論重點是這門課適合的「參課人數」，以及大約每名參課者要出多少錢。最後，課主們一起為這門課想一個「課名」。

那麼如果因為有客觀條件限制，既沒有辦法辦OST，也無法讓課主們組成搭檔，是不是就不組課了？不，由導師跳下去暫時扮演搭檔，陪同學進入討論模式。

（二）起草開課公告

以海星培力最近走完的一門課為例，一張開課公告（下圖）內容大致如下：

1課名：自主學習輔導平台設計

2課名短代稱（少於八個字）：自主學習輔導平台

3開課者：丁志仁、曲智鑛、張天安、林意雪、李光莒

4上課次數：9

5開課人數上限：34

6開課人數下限：15

7課程目標：

➤探討自主學習典範諸元素的學習價值與風險

自主學習輔導平台設計
收集 彙整 提煉 反思
集合志同道合的教育工作者與培養新秀
師大附中對面
捷運大安站
上課地點：臺北市大安區信義路三段162-16號4樓
時間：2021.03.15-2021.07.05 18:00-21:00

- ▼再界定自主學習典範概念下的輔導工作
- ▼收集不同實驗教育場域之自主學習輔導實例
- ▼彙整不同實驗教育場域之自主學習輔導策略
- ▼提煉不同實驗教育場域之自主學習輔導模式
- ▼反思不同需求學生之自主學習輔導經驗
- ▼喚起不同實驗教育場域工作者對輔導議題之重視
- ▼集合志同道合的教育工作者與培養新秀

8 簡介：

▼九次主題：

課次主題與負責老師如下：

- •3.15：自主學習典範的核心元素、價值、風險與輔導需求（丁志仁）
- •3.29：幫助學習者建構自己的生涯願景（趙浩宏）
- •4.12：實驗教育機構的輔導機制需求與因應策略（以小實光為例）（李光莒）

- 4.26：薩提爾模式在自主學習典範中的運用（張天安）
- 5.10：以同儕諮商療癒傷害，並改善師生關係（林意雪）
- 5.24：實驗教育中特殊教育需求學生的適應與支持（曲智鑛）
- 6.07：臺灣自主學習與輔導資源網絡（曲智鑛、丁志仁）
- 6.21：大陸自主學習與輔導資源網絡（大陸同學）
- 7.05：建構自主學習的輔導資源網絡（綜合性討論）

▶上課時間：2021.03.15~2021.07.05隔週週一晚上6:00~9:00，上課日期剛好避開清明與端午連假

▶報名與修課：

- 如選課人數超過上限，由課主決定參課同學
- 臺灣北部同學請實體參課
- 大陸與臺灣中、南、東部同學可線上參課

9 選修者限制：

▶有志參與自主學習典範發展者

▼有興趣探討自主學習與輔導工作兩者間關係者

▼有意參與建構自主學習輔導平台與網絡者

▼有教育或輔導相關工作經驗者

報名人數超出上限時，以無界塾與陶璽工作室受邀人員，政大實驗教育工作者培力一二三梯學員、海星培力成員、穹頂之下成員優先。

10評量方式：

▼討論引言資料

▼討論心得

▼討論資源列表

11上課規範：

▼親自上課，不能來要請假

▼缺席以兩次為限，超過仍可參課，但沒有學分

▼認真參與分享及討論

▼尊重講者與同學的發言

▼上課時使用手機請限與上課相關事宜
▼上課中臨時有事請向老師報備
▼自己的檔案上傳到自己的資料夾
▼作業按時交
▼垃圾自己帶走，不能留在教室
▼不守規範，課主可請修課者退選，費用按比例退還

12費用說明：每位參課者分擔費用二七〇〇元（每小時一〇〇元），一次繳清，上課請假不退費。

13上課地點：
實體：臺北市信義路三段一六二號之十六 四樓
捷運大安站，師大附中對面
線上：Jitsi meet

14海報
請注意，課主最好為這門課畫一張海報（參考二〇七頁）。畫課程海報不難，用

簡報軟體就可以畫得很好看了。此外，在規劃一門課程時，不宜過度結構，會毫無彈性；也不要太過沒有結構，會失敗。

（三）張貼公告並進行廣宣

不要讓班上同學只和班上同學組課，這不是「開門辦教育」。最好把寫好的開課公告貼到網路上，去招班上以外有相同學習需求的人。學習的四大資源：同儕、師資、設備、課程，四者的影響力以同儕為首。

現在網上已經有專門貼開課公告的地方，叫做urclass.net，那裡除了有完整張貼公告的地方，連張貼海報的地方都準備好了，還有後續的周邊服務。就算不是組課共學的課，還是可以貼到urclass.net。

張貼公告這個動作很重要，因為組課共學在做人做事上要學兩件事：第一是「**立約承責**」，第二是「**人人為我，我為人人**」。貼出來的公告就是個「約」，貼出來就是課主與天下人立約，只要修課人數超過下限，課主就得把課開成，除非發生不可歸責於課主的事故，課主可以在向參課者道歉的前提下，請求大家原諒他沒把課開成。這

urclass.net

件事同學受大人渲染的影響很大，只要大人一心都是要「玩真的」，不隨便，我看到的情形有百分之九十九同學都會比大人更認真。

課能不能收到開課人數下限的參課者，還要看課主是不是認真進行廣告宣傳。這時那張電子海報的作用就出來了，不管是Facebook、LINE、IG，有圖就容易轉貼。

幾輪之後，同學就會意識到，他在班上最大的「利益」其實就是組課。高中畢業之前，國家和家長都會逼他上學，上學時間是做他想做的事？還是做大人想要他做的事？關鍵就在於他組的課有沒有開成。

（四）聯絡參課者並收錢

組課共學每一門課就是一個「協作群」，這個協作群包含了三種協作：學習的協作、經濟的協作、生活的協作。

在經濟協作方面，組課共學的原則是：公平分擔，自給自足。不要搞成課主是「店主」，參課者是「顧客」，客人多了，店主就賺錢。整門課的開支是多少，課主在規劃課程的階段就要算好，所有參課者與課主公平分擔。

如果是學校、機構或團體在辦學，建議從學費中對每門課每小時補助四百元鐘點費，但要求同學、家長和專任老師不能領，只有兼任老師和外聘的老師才能領。全體參課者分擔的就是講師費超過每小時四百元以上的部分，以及每個人自己要負擔的材料費、交通費、門票。

錢從哪裡來？如果是學校，可以找相關計畫跟政府申請專用補助；如果是機構或團體，可以計入學費，成為學費中的固定成分。

有補助對課主的幫助很大，會使得組課分攤費用比外面上課學費低很多，即使中小學生的社會經驗和人脈不足，還是九成以上都能組課成功。一般來說，比較低的費用來自以下四個原因（通常是利用到其中幾個原因，藉以降低參課者分攤費用）：

(1)學校、機構、團體對組課有每小時四百元的外聘老師鐘點費補助。

(2)同學及家長的勞務會貢獻到學習協作之中，不用付錢，像是家長出車會吸收掉部分交通費。

(3)使用學校、機構、團體的教室和既有設備，或者是使用到跨校選修聯盟的教室合作協議。

⑷向政府或企業申請專案補助。

而如果分攤費用能夠變得便宜，主要是因為從本班同學的學費中，抽取了部分費用來補助外聘老師鐘點費，由於本班同學有繳學費，而外修同學沒有繳學費，此時本班同學與外修生的分攤費用有些許價差是合理的，但是一定要在課程公告中加以敘明，不能在公告後再來改變分擔方案。組課共學的公告就是課主對天下人的「約」，是一份必須要承責的「約」。

還有要堅持「不要讓同學透過組課共學來賺錢」，非營利原則很重要，能確保學習的初衷不會變質。

剛開始，我也覺得不會有家長想要藉同學組課來賺大家的錢，我以為家長應該很樂於同學們組課的心思全用在方方面面的學習上頭，後來發現大多數的家長是這樣子沒錯，但也會有例外，而這些例外對群學所帶來的負能量和破壞很大，這種「人人為我，我為自己賺錢」的行事風格很快就會在群裡渲染擴散，反而需要辦學者和其他家長額外花更多力氣來中和這些「負能量」。

利用組課賺錢既不公道也行不通。大家同在一個協作群裡，課主只是在幫大家居間協調，如果課主轉變為「店主」，還怎麼請大家講義氣一起幫忙？而且此時參課者變成「顧客」，認為花錢購買服務，本來萬事就應該由「店家」來搞定，這才叫「顧客永遠都是對的呀」！

很多參課者並不是課主的同班同學，利用 urclass.net 選課會留下 email（電子郵件地址），課主能看到這些報名者和他們的 email，可以聯絡他們搞定繳費事宜。當然參課者也可以留下聯絡電話，但網站只會要求選課者提供實名和 email，並不會規定參課者不留電話就不能選課。由於課主剛開始通常並不認識外修生，所以網站往往會提供第三方服務，讓參課者先把分攤費用交給平台，等確定組課的課主如約承責，再請平台將錢轉交給課主。

（五）按表定時間上課

有不少組課純粹是同好共學，不請老師來教，完全由同學自己操作。這種操作值得鼓勵，但仍宜有導師拜訪和少許的陪伴。

很多同學當課主之後，喜歡延請外聘老師或班上的專任老師來主導上課，這樣子課主的事情少，責任小。但發現漸漸也有更多同學喜歡老師減少講授，讓同學們多些時間討論和發表。而不少有自主學習概念的老師，也會自發地把講授或手把手教導的比重降低，增加更多「任務」給同學，而這些任務還需要同學分成小組，必須透過小組合作才能完成。

當組課是以這種「大群包小群」的形式推動，同學之間的「學習協作」就會發生。而如果分給各小組的任務，需要小組夥伴間達成共識且有所行動才完成得了，小組內的協作還會由加法協作走向乘法協作，並且引發共振。

更上層樓的組課，是帶領的老師能催化這門組課的協作群發生「自組織」，自己形成一個個工作圈，自己協調任務，自己生成學習節奏。此時如果有中途加入的參課者，往往需要額外的協助，才能不被原有的學習節奏卡住。

一門組課的參課者，當然可以是混齡的，只要能融入這門課的學習節奏，他就是適合這門課的參課者。

除了之前提過的經濟協作與學習協作，有時組課還是一種生活協作。就算組課是排在學校週一到週五的上課時段，學習者都需要做好自己的時間管理，去處理想參加的課彼此衝堂的問題。

而當組課共學由「大人要你學的東西」，進入到「你自己打造自己想要的學習」之後，組課還會出現在夜間、週六日、寒暑假等時段。這時候「學習」成了學習者生活中的一個面向，要和「娛樂」、「賺錢」、「家庭生活」等其他的生活面向去競爭優先順位。

如果願意在生活中事先為組課群學特別留下一個位置，那來自生活中方方面面的瑣事就不會將我們淹沒，我們可以用「留下的時間」，而不是「剩下的時間」，去和同好一起共學，一起解開生活中的各種疑惑，解決生活中的各種問題。此時組課的題目，可能是「大齡生活中的保健」、「高血糖者的生活品質」……。

在終身自主學習的節奏中，嵌入一個又一個組課共學，最能體現「人是平等的」這件事，不管錢多錢少，每個人每天都是二十四小時，能彼此進行「生活協作」的人，才有辦法透過群學，相互扶持，昇華彼此的人生。

（六）評量、記帳與學習歷程典藏

即使是同一個主題課，即便是同一位老師教學，不同的參課者組合，進行的內容與節奏也可能很不一樣。

組課在一開始時，會再丟給全體參課者討論的事，經常是「評量」。對某一群參課者來說太簡單的評量，對另一群參課者可能太難了；反之亦然，對前一群參課者剛好的評量標準，對後一群參課者來說可能簡單到沒有意思。

如果完全不用和外界對接，評不評量不一定有什麼關係，但有時組課共學還需要與外界對接，例如做為申請完成實驗教育證明書的基礎，送成績單給教務處的依據。這時候，組課共學的評量段落，大家就有需要謹慎討論。因為這是要依約定照辦，一點也不許弄虛作假的事情。

從二〇二〇年至二〇四〇年間，人類的工作將會大規模重新洗牌，其節奏之快，規模之大，絕不可能靠大學科系調整與證照種類更新調適得過來。在未來二十年間，每個人提出自己可信的學習歷程紀錄，重要性會與日俱增。也就是在這種時代背景之下，臺灣開始展開高中生學習歷程檔案系統的建置，並將之與大學入學掛勾。同時，

《社區大學發展條例》的子法《社區大學學習證書發給準則》也於二〇一九年五月十三日施行。這些事情都不是偶然與巧合，而是時代演變的必然走向。

所以，urclass.net也在研究組課共學學習歷程的準永久性典藏，以及參課者對自己學習歷程的提取與運用的適切方法。

如果組課共學在某些領域是具有「非營利性」的，那麼記帳，並且讓參課者可以看一門組課的收支情形，也是平台必須要承擔的周邊服務。

行動學習

我們提倡自主學習典範要走向「開門辦教育」，勸學校不要把自己當作一個一個的「城堡」，只會往城內搬糧草；勸學校要把自己當成浮在資源海洋上的一座浮島，有無數軟管伸入資源海洋當中在汲取營養，幫助學生學習。

上一節提到的組課共學，是開門辦教育的其中一路發展，但是即使在臺灣的實驗教育領域，組課共學也才方興未艾，還不是很盛行。在臺灣實驗教育領域真正盛行的

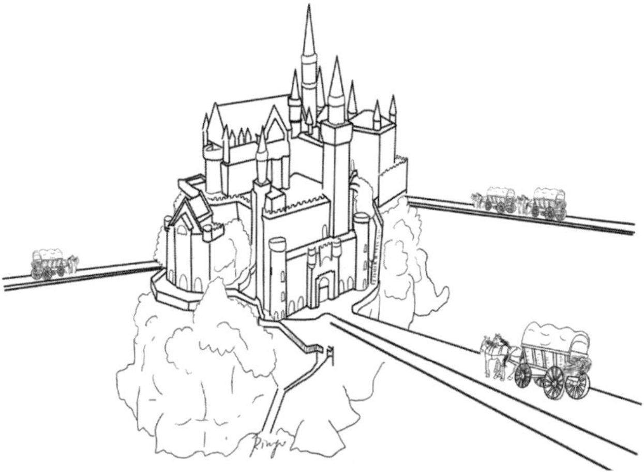

傳統教育下，一所所學校，宛如一座座城堡；城堡中的人，只知道從外頭運進一車車的糧草。也只會用城內的糧草，支撐同學們的學習。

學習基地

自主學習典範的要素之一，是無界學習，即把世界當成一個沒有屋頂的大學校。我們將軟管深入世界這個大型的資源海洋中，隨時從資源海洋中汲取營養，支持學習基地內的同學學習。

是「無界學習」：學習的場域，不以教室為範圍，將整個世界都當成「沒有屋頂的大學校」。幾乎每個臺灣的實驗教育機構或團體，或多或少都會操作這種無界學習。

在無界學習當中，如果我們再讓**一個學習活動，同時能兼顧到移地、群學、學習者策畫三個要素，我們就把它稱為「行動學習」**。然而，並不是所有的無界學習，都是行動學習。有的無界學習是大人安排同學們參訪，有移地，可能也有群學，但卻不是學習者策畫，所以還不算行動學習。

而滿足「三要件」的行動學習，在臺灣的實驗教育機構或團體中也被大量實施。教育部的推動藍圖亦十分重視「戶外教育」這個項目，不但有專門推動辦公室，補助也十分大方。不過，戶外教育比較重視「移地」這個元素，比較沒有重視「群學」和「學習者策畫」這兩個元素。

在自主學習典範中，**應該把行動學習當成「連續劇」來規劃，而不是把它們當成**「單元劇」處理。也就是說，應該「由近而遠，由小而大」，有系統地加以推動。

行動學習是一種解決問題的訓練

上一段提到，我們特別把「群學」與「學習者策畫」納入行動學習的基本構成元素，這並不是我們任意要這樣子定義的，而是因為如果行動學習由大人策畫，就無法成為同學們解決問題的訓練。

具足三項元素的行動學習，是一種非常典型「任務」驅動式的課程設計，它可以提供同學使用知識和技能的機會，舉例來說：

❶教同學如何「問對問題」

這次任務的本質是什麼。例如：一次行程的路線安排。

❷把大問題拆解成較小的問題

例如：先將一次行程拆解成「路線」、「經費」、「日程」三個問題；然後把經費再拆解成「食」、「宿」、「交通」、「門票」……等更小的問題。

❸找出事情變化規則

例如：食的經費會分成早、中、晚三餐，而且每天周而復始。

❹把問題抽象化，把細節淡出

例如：早餐的菜色可能是燒餅油條，也可能是麵包牛奶，但都沒有關係，我們可以用「早餐」這個概念，將早餐的菜色抽象化掉，忽略具體菜色，專注於早餐就是四十至六十元一餐的預算額度。

❺蒐羅、學習解決問題有關的知識或技能

例如：用Google地圖在目標區內找各個早餐店的位置，並進去查看大致的價格。

❻設計針對性的解決方案

例如：可以在預算額度內，設計營養、美味又方便的早餐方案。

❼串接小問題再還原成原來的問題

例如：將沿路行程的就食子方案、住宿子方案、交通子方案，組合成包含路線、經費、日程……等等的整體方案。

❽將解決方案代回真實脈絡，驗證解決方案的有效性

例如：實際跑一趟，看預想和真實差距有多少偏差。

❾發表是吸收的利器

安排同學在行動學習後進行各種形式的發表。為了順利完成發表，同學一定要進行經驗整理，一輪一輪操作下來，同學的能力會一次次的增強。

#由近而遠，由小而大

至於怎麼把行動學習當成「連續劇」來規劃？這部分我們以實驗教育機構「六年制學程」的實際操作例子來介紹比較清楚。（※請先翻看下頁表單，瀏覽六年制學程曾經規劃過的行動學習。）

你看，表單上所列行動學習的規模，是不是由一日到多日，最後再擴展到整個月；而行動學習的範圍，是不是由學校所在縣市，逐步擴展到臺灣各地，然後走出臺灣，進入國外；行動學習所使用的過程技能，是不是越來越豐富，越來越複雜。這就是把行動學習當成「連續劇」來規劃的真義。學生的能力是一步步堆疊累積上去的。

有太多的學校把行動學習當成一個一個活動來思考（單元劇的思維），甚至每年都辦類似活動，像這樣設想的行動學習課程沒有縱深，不容易累積出同學們更強的能力。其實行動學習除了單獨規劃辦理之外，還可以跟所有的課程結合，幾乎「**無所不連結**」。從表單上列的課程規劃當中，大家可以想像得到：這些行動學習和語文、數學、藝術、科學、社會、身體等所有領域都有連結。而且既可以和同學的主題備課連結，也可以和前面談的組課共學相連結。

單日	登山露營	1.中坑溪溯溪、2.大棟山青龍嶺、3.中正山、4.天上山、5.觀音山硬漢嶺、6.猴山岳、7.姆指山、8.大屯山連峰與二子坪步道、9.棲蘭山、10.五寮尖、11.頭城海水浴場龜山朝日露營園區、12.抗日古道、13.草嶺古道
	遊樂	14.戲院觀賞影片：《看見臺灣》、《霸凌》（*Bully*）、《不如跳舞》（*Dancing in Jaffa*）、《薩爾加多的凝視》（*The Salt of the Earth*）、《老鷹想飛》 15.到高灘地棒球場打球、16.到臺北市立動物園進行主題式課程、17.野外求生、18.E7鐳射、19.漆彈射擊、20.密室逃脫
	參訪	21.故宮參觀大英博物館百品特展、22.協力造屋參訪行程、23.府中15動畫故事館、24.國家圖書館、25.新北市立圖書館總館、26.市立美術館、27.參觀禪繞畫展、28.華山文創、29.陽明山菜菜子農場參訪、30.柑園傳統產業參訪、31.雷亞遊戲公司參訪、32.2013桃園地景藝術節黃色小鴨遊臺灣（草間彌生）、33.參觀流浪狗之家、34.氣象局參訪、35.腦波教室參訪、36.板橋林家花園參訪
	鍛鍊	單車30公里、60公里、80公里拉練

多日	1. 宜蘭兩日（全班選策畫小組策畫） 2. 高雄三日（全班選策畫小組策畫） 3. 司馬庫斯三日（全班選策畫小組策畫） 4. 期末行動學習五日（每學期舉辦，分組策畫，分組進行）
一週以上	1.2014單車600公里（全體親師生共同策畫，全體老師、同學及部分家長參加） 2.2016中國川西行動學習（選修） 3.2018兩岸行動學習（選修） 4. 高中八日境外行動學習（每位同學各自策畫，須產出網站）
一個月	2019全班行動學習，把學生丟到歐洲一個月，前十天共同行程，後二十天分五條路線： http://jendo.org/2019AL 【活動目的】 1. 打破同學在臺灣這個大型舒適圈的慣性思維框架 2. 讓同學學會在短時間內掌握另一個社會的生活機能 3. 練成同學的大型活動協作能力

同學們從艾菲爾鐵塔鳥瞰巴黎市。

部分同學的合照。

行動學習能夠訓練許多種過程技能

「過程技能」是指同學在因應和解決課程中的任務時，需要用到的技能。這些技能考試及格也不一定會用，一定要拿來解決問題，才能幫助同學真正學會。而行動學習是各種課程當中，需要用到最多過程技能的學習活動。例如：

1 各種透過網路蒐集資料的能力
2 分工合作與集思廣益的能力
3 策畫的能力
4 地理與地圖的能力
5 GIS（地理資訊系統）的製作能力
6 網站的製作能力
7 生活自理的能力（如烹飪、記帳）
8 外文能力
9 面對山和海的能力
10 視不同任務會鍛鍊出不同面向解決問題的能力

行動學習造就出什麼樣的同學

1能依民主程序「自組織」，並治理自己一群人的眾人之事。
2能管理三百萬的共同資產，包含催收、分配、使用、結餘公平歸還。
3能選出得力的同學，負責策畫小組，負責起草北美案與歐洲案，並在方案競選中各寫出五十多個景點介紹。
4能不透過旅行社，全憑同學協力策畫歐洲一百多個景點的行程規劃。
5能將個人在歐洲一個月的開支（含機票、住宿、飲食、交通、門票）控制在臺幣十五萬以內。
6能透過德國和法國在臺灣的外館，弄清楚歐盟的保險要求，並順利安排同學們的保險。
7能透過善用Google地圖、Google翻譯等工具，在歐洲行動自如，包括預訂並使用歐洲城際航班與長程巴士。
8能善用Air B&B等共享經濟工具，廉價取得歐洲的住房資源。
9能合作團膳，解決一個月的飲食需要。

10能善用YouTube及網站上的各種資料，預先研判可能的各種風險，並預做防範。

11能透過架設網站、GIS表達自己的策畫與實踐成果。

12能在萬里異域之外，和夥伴們和衷共濟，相互扶持，應對各種意外事件。

13能在十七歲就離開臺灣這個生活舒適圈，打破自己的生活與思維框架，以國際的高度與角度去看待事物。

14不管流利還是蹩腳，能用外語去點餐、備餐和購物。

當然，離開六年制學程這個自主學習環境之後，同學們曾經被鍛鍊出來的能力，有的人會更進化，有的人則會因為再回到傳統的教育環境中而退化。但在此後的生涯中，同學們會因為自己「做過」，而不會再害怕。

第6章

處理個別差異：面對特殊教育需求的孩子

主・筆・開・場・白

當我們相信每個孩子都是獨特的，回歸學習者為主體思考，教育應該就有千千萬萬種樣貌，特殊教育強調為每個孩子量身打造個別化教育計畫，與自主學習典範的精神相符。本章從學習的大環境談起，讓大家了解特殊教育需求孩子的處境，探討面對不同特質的孩子，資深學習者應如何善用資優教育的理論，該注意什麼？又可以做些什麼？

——每個孩子都是獨特的，學習本來就應該是個別化的。

「普洛克拉斯提之床」（The Bed of Procrustes）源自希臘神話，國王普洛克拉斯提為了讓床符合客人身長，下令把過高的人雙腿截短，把過矮的人身體拉長，來遷就床的長度。

雖然這個神話故事聽起來很荒謬，但也幫助我們反思標準與規格，我們的大環境是不是仍然在追求齊一的價值成就？我們都相信One size fits all在教育上是過於理想化的，每個孩子都有其天性，每個孩子都應該適性發展。在特殊教育的領域中強調個別化學習，這幾年普通教育脈絡中也常聽見「個人化學習」這個詞彙。期待他人提供孩子個別化的教育，制訂個別化的教育計畫，似乎變得緩不濟急。

反思教育的主體性，誰是教育的主體？孩子才是！就因為每個人都不一樣，才需要讓這個主體更有意識的行動。

在教育與學習的過程中，讓孩子能對於自我有更多元的認識，理解自己的方方面面，優勢、弱勢、興趣與愛好，因為這些能力是選擇與行動的基礎。培養孩子自主學習的態度與能力，沒有人應該比自己更了解自己，等待他人餵養知識，不如讓孩子有能力且願意行動。但要跳脫社會環境的控制與制約是不易的，大環境的氛圍很容易讓我們不自覺地回到大隊伍中，孩子不應該像躺在普洛克拉斯提之床那樣。

如同《莊子．駢拇》所說：「是故鳧脛雖短，續之則憂；鶴脛雖長，斷之則悲。」性長非所斷，性短非所續，事物各有長短，此乃天性，勉強齊一，扭曲本性，不過是愚蠢自大。

個別化教育計畫與自主學習的理念相符

每個孩子都是獨一無二的，也因為如此，他們會有不同的需求。孩子當然需要練習適應環境，但環境中成熟的大人，可以調適創造一個更有彈性的環境，降低孩子融入的門檻。因應不同孩子的需求，有個別化的安排是最理想的。

有些孩子在教育現場必然面對挑戰。舉例來說，擁有注意力缺陷過動特質的孩子上課不容易專心，也有比較高的比例容易和環境中的人產生衝突；具有自閉特質的孩子，通常伴隨顯著的口語困難與非口語溝通障礙，在學習過程中與他人合作可能產生困難，固著缺乏彈性的狀態也常讓這些孩子動彈不得。而學習障礙的孩子常是傳統體制教育之下的犧牲品，單一的價值觀，單一的評價標準，對這些多元需求的孩子來說並不公平。

雖然臺灣的《特殊教育法》保障這些孩子的受教權，但要落實個別化教育計畫的精神，對於許多環境來說仍非常挑戰，而孩子的家長在與體制教育互動中心力交瘁。有不少特殊教育需求學生的家長，選擇離開公立學校，試圖為孩子找到更適性的學習環境。我們可以從學習型態的選擇，理解家長們在面對特殊教育需求孩子教育選擇的心理歷程。

別被標記蒙蔽了我們對孩子的認識

厄文・高夫曼（Erving Goffman）在他一九六三年的著作《污名》（*Stigma*）中，提到社會建立了分類人的工具，對各類別的成員來說，與類別相符的屬性是正常且自然的。當陌生人出現在我們面前，從外表便讓我們可以預期他的類別與屬性，也就是他的社會身分（social identity）。我們對眼前的人應該是什麼樣子會保持特定預設，可以稱做「虛擬的社會身分」。而這個人事實上擁有的類別和屬性，則可稱為「真實的社會身分」。

污名，會在虛擬的與眞實的社會身分之間，造成一種特殊的落差。

若以此觀點思考特殊教育工作，鑑定工作本身就屬於一種標記，在群體中標記出誰有資格使用特殊教育資源，雖然立意良善，但污名也隨之而來。不論被鑑定為身心障礙類或是資優，不論是被安置在特教班或是不分類資源班，都屬於高夫曼所謂的類別和屬性。換句話說，特殊教育本身就是一種類別，在回歸主流與融合教育的現場，當孩子具有特教身分，使用特教資源，污名似乎很難避免。

雖然融合教育有其優點，但是特殊學生被排拒的情形卻時常可見，使被排拒的學生教育機會受到剝奪，而如果程度較差的，常會被排除在學校主流的教育課程之外。

在融合教育的現場，我們會聽到有家長不願意孩子接受鑑定，也會聽到有孩子擔心被同學嘲笑，不願意去資源班上課。從高夫曼的論點可知，污名是既存的一種社會現象。

對於身心障礙者，對於特教生，每個人內心都存在著既有的刻板印象。而獲得特教資源的前提是——先被標記，在孩子準備接受特教服務的同時，就應該有這樣的心理準備。雖然高夫曼認為無論別人怎麼宣稱，他們都不會真正的接受他，也沒有準備好要在平等的基礎上與他往來。甚至他從社會中學習到的標準，讓他同樣充分意識到其他人如何看待他的缺陷，而這無可避免地迫使他承認，他的確未達到他真正應該是的樣子。

重新認識自己的孩子，看見他真實的需求

其實真正的標記並不是特教鑑定，而是孩子的特質與外顯行為。一天到晚在學校與同學衝突，甚至無法學習的孩子，即使沒有經過鑑定，仍然會被標記。**特教鑑定是我們認識孩子的一種方式，讓我們可以透過醫療與教育的方式，認識不同分類的屬**

性，有機會幫助我們知道該如何協助孩子。

陷入污名化迷思的家長一味地逃避特教標記，有可能耽誤孩子學習發展的機會。在追求融合教育的同時，要思考對抗污名化帶來的副作用，靠的仍然是「教育」，教育社會大眾以更多元的眼光認識身心障礙／特殊教育，認識人的多元價值，特教／身心障礙只是這個人的一個屬性，而不是全部，不同的人擁有同樣的分類和屬性，仍然會有不同的可能性。

自學符合個別化教育的理念與精神

每一個孩子都應該養成自主學習的能力，即便是所謂的特殊生，也具備自主學習的潛能。

過去有不少特殊教育需求學生的家長選擇讓孩子自學，那是因為自學符合個別化教育的理念與精神。即便選擇個人自學，只要父母提出申請，在繳交孩子的個人自學計畫書時，載明特殊教育與輔導需求，相關單位在評估確認孩子的需求後，就需要提供相應的支持。

《特殊教育法》第二十四條第一項明文規定：「各級主管機關應提供學校輔導身心障礙學生有關評量、教學及行政等支援服務，並適用於經主管機關許可在家實施非學校型態實驗教育之身心障礙學生。」由此可見，法規上對於不在公立學校學習的身心障礙學生仍有保障。

近年來，實驗教育在臺灣快速發展，不同類型的實驗教育機構百花齊放，參與實驗教育的學生人數逐年攀升。不過，離開公立學校的特殊教育需求學生，其處境仍有待被理解，相關的問題多元且複雜，像是：

1 如何使用特殊教育資源？

2 公立學校特殊教育教師該如何有效了解學生的需求與提供特殊教育服務？

3 特殊教育需求學生是以何種樣貌出現在不同的學習場域中？

4 有多少比例的特殊教育需求學生家長行使教育選擇權，讓孩子離開公立學校？

5 其他的教育單位是否具備足夠的資源與支持，讓特殊教育需求學生得以適性發展？

在個人自學與參與實驗教育學生人數逐年攀升的情勢下，特殊教育需求學生的權益值得我們關心。

特殊教育的核心價值與內涵和自主學習追求的目標相符

臺灣的特殊教育服務對象分為身心障礙〔註〕❼與資賦優異兩大類，兩者皆有特殊教育需求（Special Educational Needs, SEN）。特殊教育的核心精神，是保障特殊教育需求學生在接受學校教育時，得到足夠的資源與支持。「**零拒絕**」是基本人權，保障的是受教權。「**個別化教育計畫**」是推動特教服務時的合約書與執行手冊，當中必須載明學生的需要、目標及教學評量方式。

《特殊教育法》中強調特殊教育的課程、教材及教法應**保持彈性**，適合特殊教育學

❼ 身心障礙（disabilities）是指因生理或心理之障礙，經專業評估及鑑定具學習特殊需求，須特殊教育及相關服務措施之協助者。

生身心特性及需求。「彈性」可說是《特殊教育法》的核心概念，而個別化教育的目的，則是提供孩子適性教育，將環境（課程、教學與各種障礙）限制排除，讓特殊教育需求學生能夠使用各種學習資源，參與各種學習活動，使其能得到能力最大可能的發展。

要讓多元學習需求的孩子都能受到良好的照顧，教師必須時常以最少限制環境的原則，檢視自己與孩子的教學互動。

所謂「最少限制環境的原則」，指的是學習環境的安排是否有可能無法讓孩子的潛能得以發揮。舉例來說，若教學內容不符合孩子現階段的程度與優勢能力，就違反了最少限制環境的原則。

在陪伴孩子自主學習時，我們應該時時自我提醒，**目前的學習環境與資源是否提供孩子最大可能的發展機會**。「最少限制環境的原則」提醒我們：在面對特殊教育需求學生時，站在學生的角度思考，什麼樣的方式能促進其最大可能之學習發展。

☀ 實驗教育場域中的特殊教育相關議題

為什麼這些特殊教育需求學生的家長，寧願選擇看似沒有特教輔導資源的實驗學校？會不會是這些孩子沒有辦法用大多數人的學習方式學習？

如果是這樣，那問題應不完全因為孩子本身特質所造成，也反應出我們的教育仍然不夠個人化。而特殊教育當中所談的個別化教育，不就應該是要能符應每一個特殊教育需求孩子的需要，能讓不同特質的孩子潛能被啟發，養成自主學習的能力嗎？

這中間到底存在著什麼樣的問題，我們可以試著從實驗教育中的現況、家長逃避特殊教育的標記、實驗教育工作者的哲學理念與行動、孩子對公校體制的適應困難，以及實驗教育的特殊教育資源等面向來了解。

特殊教育需求學生存在實驗教育中

不同型態的非學校型態實驗教育皆存在著特殊教育需求孩子，當中有些還不包括尚未確診的疑似生。不管這些學生鑑定與否，其外顯行為對於學習和環境適應產生一定程度的困難，而這些孩子多為所謂隱性障礙的學生，主要問題包含學習困難、情緒行為問題、注意力不足，以及與社會性互動等四個面向。若以《特殊教育法》來看，這些孩子多半屬於情緒行為障礙、學習障礙與自閉症，過去在公立學校多半安置於普通班，並接受資源班式的特殊教育服務。

家長逃避特殊教育的標記

有不少家長排斥體制內特殊教育的標記，擔心貼上這個標記會對孩子造成負面影響，寧可放棄既有的特殊教育服務與資源，讓孩子個人自學或選擇實驗教育。

教育哲學與行動的關聯性

教育哲學影響教育工作者對特殊教育及特殊教育需求學生的見解與行動，而不同的教育哲學，也影響著實驗教育工作者如何看待特殊教育。到底何謂「特殊」？什麼是特殊教育？特殊教育不應該簡單的分成特教或非特教，特教鑑定只是我們認識孩子的其中一種方式，這樣的辨識是讓我們理解不同特質孩子在教育上的需求；特殊教育的安排應回歸孩子真實的需要，促進每一個孩子最大潛能的發展。

#學生入學篩選評估的意義

非學校型態的實驗教育有別於公立學校的零拒絕，面對所有入學的學生，實驗教育單位有自己的一套篩選評估機制，一方面找出自己要的學生，另一方面排除自己無法提供足夠輔導支持的學生。

即使每個學校的篩選機制不同，但多半是考量自己是否有足夠能力輔導特殊教育需求的學生。雖然篩選違反了特殊教育零拒絕的概念，但對於缺乏特殊教育輔導資源的教育單位來說，這樣的拒絕，或許可以說是一種負責任的表現。貿然錄取特殊教育需求學生可能對其造成負面影響，在缺乏特教資源的學習環境中，無法提供孩子所需的支持，有可能違背最少限制環境的原則。

#在追求群體目標與個人目標間拉扯

影響特殊教育需求孩子適應的關鍵在於所追求的目標，實驗教育相較公立學校更在意孩子個別化的發展，更不用說是個人自學了。公立學校與非學校型態的實驗教育在教育目標上一開始就產生分歧，追求適應群體目標的老師，通常不容易落實真正的個別化教育。自主學習本身就富含特殊教育中的個別化教育計畫（IEP）理念，或許我們該反思，公立學校在制定IEP時，考量的重點是什麼？要讓孩子跟上原班進度？還是回歸個別化教育目標。

#有些孩子需要更多等待的時間

在面對特殊教育需求孩子時，實驗教育單位的老師通常願意給學生更多的時間，而這樣充裕的時間，促進特殊教育需求孩子變得穩定。我們都知道，改變是需要時間的，特殊教育需求的孩子需要更多的耐心與等待（more time, more passion）。

#創造多元包容的學習環境與更大可能的彈性

實驗教育環境相對有較大的彈性，在跳脫教育原本的大環境後，將有機會與升學主義脫鉤，落實個別化教育計畫。而公立學校在輔導工作方面，容易產生二元對立的矛盾，因而有許多的限制，在推動特殊教育輔導工作時，產生一定程度的困難。

總之，實驗教育雖然沒有所謂的特殊教育資源，不過充分的彈性有機會創造孩子對於未來更好的適應力。不同的哲學觀，造就不一樣的氛圍，對學校環境也有重要的影響。不同的實驗教育工作者，有著不同的相信，這些相信塑造出不同的學習文化。

孩子與家長不適應體制內教育與輔導資源

當孩子面臨體制內學校適應困難時，家長很有可能讓孩子選擇個人自學，或是進入實驗教育場域學習。有些孩子過去在學期間，甚至曾與導師及相關輔導人員衝突，當家長認為體制內的輔導資源對孩子幫助有限時，便有機會轉身投入實驗教育。然而輔導資源有效與否，與輔導人員的價值理念有著密切關係，當輔導人員不是站在學生本位思考問題，所提供資源並無法有效的支持特殊教育需求學生。

實驗教育中的特殊教育輔導資源

#教師擔負輔導工作與責任

實驗教育教師多半需要肩負第一線的輔導工作與責任，這對老師們來說是工作上嚴峻的考驗，在缺乏相關輔導資源支持的情況下，老師們多半只能尋求教師同伴的幫助，共同協助處理學生的情緒行為問題。非學校型態的實驗教育單位多半面臨財務上的挑戰，也使得實驗教育單位缺乏足夠資源，支應全職特殊教育輔導人員的聘用。

#需要建立輔導系統與制度

在缺乏相關輔導專業人力的情況下，要協助特殊教育需求孩子成長，仍需要一定程度的幫助。

實驗教育單位試圖建構屬於自身體系的輔導系統，輔導系統對於實驗教育組織的發展有其必要性，透過輔導機制的建立，有助於特殊教育需求學生的適應與發展。這也是為什麼我們（臺北市無界塾實驗教育機構，BTS）如此重視輔導資源的原因，從Mentor-Mentee制度到每個學期教師的特教輔導增能訓練，都是希望讓辦學更有品質，以學生為主心（By the student），關注每一個在無界塾學習的孩子。

無界塾的 Mentor-Mentee：每個孩子都需要有個最懂他的大人

每一位無界塾的學生都有專屬的心靈導師。Mentor-Mentee 制度在實驗教育場域是創新的輔導模式：以學生需求（BTS）出發，凝聚親、師、生三者的關係，有助於提升自學生在實驗教育場域中學習的穩定性。

Mentor 制度以個案為導向出發，融合特教與輔導老師的工作概念。每一個孩子都有專屬的導師（mentor），專任教師會分配到幾個認輔的孩子（mentee）。每週導師都會和孩子進行一對一的晤談，了解孩子在學習、學校生活、人際關係與家庭生活的狀態。每個學期導師也會主動和家長約時間，進行孩子目前整體狀況的討論。

Mentor 是無界塾學習場域中的穩定力量，每次晤談後都要撰寫紀錄，這些資料是幫助教育工作者反思最好的材料，透過書寫梳理自己的想法，深化與學生的關係以及對於生命事件不同層次的理解。無界塾的使命是幫助每一個孩子找到自己生命的方向，我們相信每個孩子都需要有理解他們的大人，而無界塾的教師們也以此為職志落實 Mentor 工作，在實驗教育場域中扮演好穩定的陪伴者。

#連結體制內特殊教育資源有其困難

即使離開公立學校，特殊教育需求學生仍然有接受特殊教育資源的權利，這點有很多家長並不知情。不過在特殊教育資源使用上有一定程度的困難。即便《特殊教育法》明定在非學校型態之身心障礙學生仍享有特殊教育資源的保障，法規立意良善，但在實際執行層面仍有很大的落差與困難。

#教師的特殊教育輔導知能仍待提升

特殊教育是一門專業，專業化發展需要時間，光憑熱情與愛心無法有效協助這些學生。現職很多實驗教師在特殊教育知能方面需要進一步提升，而增聘特殊教育輔導專業人力有機會提升輔導成效，同時幫忙降低其餘教師在備課與上課的壓力。

每一個團體都需要在地化的特殊教育服務

在提供身心障礙學生特殊教育輔導資源的同時，要考慮學生所身處的文化脈絡。

特殊教育是一門專業，但專業與專業之間，尚需要更多的對話與合作。不同的實驗教育單位，皆有不同的教育哲學與理念，這也是支撐實驗教育工作者持續努力的核心目標。特殊教育教師在提供相關支持性服務的同時，若能進一步理解實驗教育單位的核心理念，將有助於提升特殊教育需求學生的輔導成效。

實驗教育中的特殊教育輔導資源需求是重要的，如果特殊教育需求的學生在體制內適應不良，來到實驗教育仍存在一樣的問題，實驗教育工作者需具備足夠的專業能力進行輔導。

若特殊教育需求的孩子在體制內適應不良，但來到實驗教育後，問題就被解決了，我們該思考這是受到何種因素的影響？是學生的問題，亦或教學工作者的問題，還是其實存在結構性的問題。

父母教育選擇權的落實，有的是在追求適合孩子學習發展的環境，有的則是在逃離體制內特殊教育的標籤。**特殊教育專業化、特教鑑定與分類有其必要性，這是教育輔導工作者對特殊教育需求學生保障的基礎，也是《特殊教育法》的核心精神。**

雖然標記有其意義，但標籤化這樣的副產品，卻成為家長在面對特殊教育資源時的阻礙，教育選擇權成為逃離既有環境及抵抗專業特教服務的工具。普通教育與特殊教育共通的價值，應是以學生為本的個別化教育，公約數應是特殊教育中最少限制環境的核心精神，教育本應該是個別化的，因為每個孩子都是獨一無二的。

當學生人數降低，追求個別化教育、課程與評量方式的彈性、多元友善的環境，都符合特殊教育的核心精神，也是特殊教育邁向精緻化發展的目標。體制內教育雖然有特殊教育師資和支持性服務，但因升學主義的影響、專業上的限制和標籤化的影響，使得特殊教育需求學生家長出走選擇實驗教育。

實驗教育工作者對於本身特殊教育知能的提升，以及實際特殊教育資源有明顯需求，即使《特殊教育法》保障特殊教育需求孩子，在非學校型態實驗教育中的特教服務資源，但礙於現實狀況，在特教資源的使用與適配皆不足，直接影響特殊教育需求孩子的權益。

影響特殊教育需求孩子在體制內環境適應的原因，為大環境的課程結構仍偏向學科導向時，即使有特殊教育資源的支持，特殊教育需求學生的學習仍存在一定程度的適應困難。在一〇八新課綱施行後，若能落實素養導向的教學，既有課程得以解構，特殊教育需求孩子較有機會能在體制內學習環境中適性發展。

重視實驗教育中特殊教育需求學生權益

《特殊教育法》中明定不同學習型態之特殊教育需求學生應享有特殊教育資源，但實際在資源使用上有明顯的困難，直接影響特殊教育需求學生的權益。教育主管機關應重視選擇實驗教育的特殊教育需求學生權益，實際了解特殊教育資源提供者在面對實驗教育中的特殊教育需求學生之困難，不論是人力資源不足，或是缺乏相關經驗，都讓這些特殊教育需求學生落入三不管地帶。

保障實驗教育學生所需之特殊教育資源

能肯定的是，無論個人自學或是選擇實驗教育的學生中，包含一定比例的特殊教育需求學生。不同型態的實驗教育單位，符應不同的教育哲學理念，教育主關機關應先認識不同單位的教育理念，發展在地化的特殊教育資源服務模式，實現「特殊教育需求學生在哪裡，特教服務就在哪裡」的精神。

資優教育也強調自主學習

特殊教育包含資優教育，資優教育中也特別強調對於自主學習能力的培養，像是阮祖里（J.S. Renzulli）的三合充實模式（Enrichment Triad Model, ETM）具有自主學習的精神，貝茲（G. Betts）的自主學習者模式（Autonomous Learner Model, ALM）和崔芬格（D.Treffinger）的自我指導學習模式（Self-directed Learning, SDL）也都對於養成自主學習能力有清楚的指引。

#三合充實模式

美國資優教育學者阮祖里所提出的三合充實模式，是藉由提供資賦優異學生更多（加廣）、更難（加深）的教材，達到學得更多的目標。

三合充實教學模式是充實教學策略之一。阮祖里認為資優教育可透過三級充實活動的安排，培養孩子運用適當的探究方法，有效地研究實際問題與解決問題。因此，設計提出三級充實活動的類型及內容如下：

• 第一類型屬於一般試探性活動

教師於課前選定探討主題，透過演講或親身體驗等方式，提供孩子更廣闊的接觸與了解，幫助他們發掘自己的興趣。

• 第二類型屬於團體或分組訓練活動

根據第一類型活動結果，孩子可以選擇第二類型活動的組別。而配合各組性質不同，教師教導適用的研究方法、所需的思考技巧、資料蒐集要領、提示撰寫原則等，以充實他們的能力（小組學習的模式接近本書提到的群學）。

• 第三類型屬於個人或小組對現存問題從事探討的活動

教師協助孩子選擇研究題目、採用適當探究方法、安排合宜的研究步驟或解答疑難問題，並耐心等候他們完成研究。透過此類型的充實教學活動，期盼培育學生成為問題的發現者，相關資料的蒐集者，問題的探究解決者，使其不再只是知識的吸收者，同時也是知識的生產者。

由此可知，三合充實模式也相當強調孩子自主學習能力的培養。而在培養孩子的自主學習能力時，也要讓孩子練習設定目標與自我管理；引導孩子不只是從事容易、已經熟悉的事務，激發其自我挑戰，並發展個人的優勢能力。當學習者的需求獲得滿足後，將有能力發展成為自主學習者，並為自己的學習成果負責。

#自主學習者模式

貝茲的自主學習者模式，為資優教育理論中第一個強調資優生社會情緒發展的模式。孩子在自主學習者模式下的學習，除了能發展自我概念、自尊心、熱忱領域的探究，以及批判思考、創造思考、問題解決與決策能力發展之外，更能連結自身與同儕、家庭，乃至社會。

因此，有學者提出發展自主學習者模式的十個目的：

(1)發展自我概念與自尊。
(2)了解自己的天賦並連結至自身與社會。
(3)發展出合適的技巧，與他人互動。
(4)吸收各式各樣學科領域的知識。
(5)培養批判思考與創造思考技能。

(6)培養做決策及問題解決技能。
(7)參加能促進認知、社會與情緒及身體發展的整合性活動。
(8)發展個人有熱忱的學習領域。
(9)展示在不同環境下自主學習的責任。
(10)成為具有責任感、創意、獨立的終身學習者。

#自我指導學習模式

而美國教育學者崔芬格則強調要及早養成自動自發、獨立學習的自學能力——由被餵食到覓食，化被動為主動，由他律轉為自律的學習態度。自我指導學習模式是一套配合學生興趣與能力，逐步漸進式的教學方案，其學習模式共分為四個階段，逐步達成自我引導，自動自發學習的目標。

- **第一階段是教師指導的步驟**

偏向傳統的教學方式，教師扮演教學者、指導者的角色，孩子只接受教導。

- **第二階段屬於任務式（task style）的教學**

第一個自我指導的步驟。教師扮演供應者的角色，孩子則為選擇者。無論是擬訂教學目標、評定起點行為、安排教學歷程或評量學習結果等，教師是供應者，學生是可以自由選擇的消費者，此階段重點就是孩子開始有了選擇的機會。

- **第三階段屬於同儕式（peer-partner style）的教學**

第二個自我指導的步驟。此階段教師扮演催化者的角色，孩子成為主角。無論是學習目標的設定，起點行為的評析，還是教學活動與歷程的安排、學習結果的評量，均由孩子們彼此制定，教師只提供必要的協助。

- **第四階段屬於自我指導式的教學**

第三個自我指導的步驟。教師退居幕後，扮演顧問、資源人士的角色，而孩子成為學習的策略者、引導者、診斷者和評鑑者。從學習目標的訂定、起點行為的找尋、學習活動的安排及學習成果的評鑑，皆由孩子主導，老師僅從旁協助。

自我指導學習不是孤立學習，而是學習者在學習過程中，利用社會資源，包括人、事、物的社會網絡，以達成自我學習的目標。也就是學習者對計畫、執行與評鑑的學習過程，能承擔更多學習責任，並與教師共同建構學習環境。以下整理自我指導學習的四項要點：

(1)是有目的的心理歷程，孩子需要對自我指導學習感興趣，樂於掌控自己的學習，並根據自己的狀態，有意義的進步與成長。

(2)不採決斷的標準，從依賴到獨立是一條連續軸，只是程度上的差異，教學者與學習者所承擔的責任比例會有所不同。

(3)從設定明確的目的、計畫、行動、評量、反思賦予意義，根據獲得的新知修正行動，重新檢視目標是否達成。

(4)發展過程是由他人提供的回饋，漸漸導引到自我反思，其中最重要特質便是自我管理、自我檢核與自我修正。而學習回饋的週期循環，就是先前談到專案管理常用的PDCA循環。藉由規劃、執行、檢核、再行動的過程，持續優化學習行動方案，也藉由完成一個一個小目標的過程，逐步提升自我調節的能力。

陪伴孩子自主學習時讓孩子有意識的練習覺察與反思

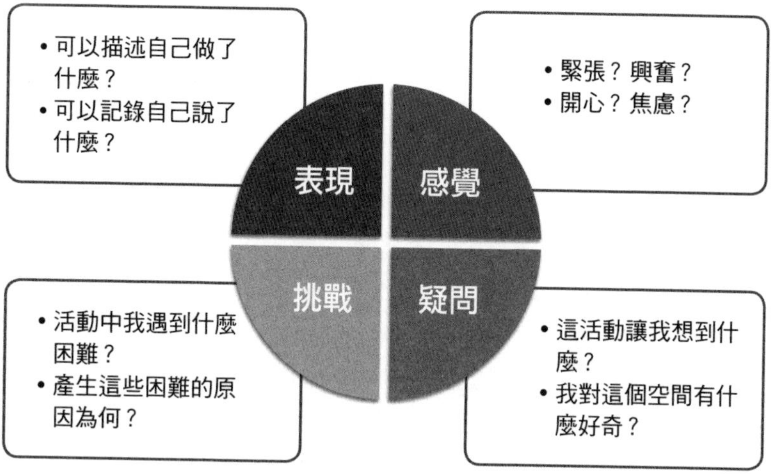
• 可以描述自己做了什麼？
• 可以記錄自己說了什麼？
• 緊張？興奮？
• 開心？焦慮？
表現
感覺
挑戰
疑問
• 活動中我遇到什麼困難？
• 產生這些困難的原因為何？
• 這活動讓我想到什麼？
• 我對這個空間有什麼好奇？

不僅資優教育強調培養孩子的自主學習能力，讓每個人都能成為一位終身學習者是一〇八課綱的願景，也是大家共同努力的目標。

在孩子的成長過程中，應給予孩子更多的時間與空間，可以做自己喜歡做的事；讓孩子從自己的興趣出發，進行探索，練習從生活中發現問題與解決問題。而爸爸媽媽的角色，是陪伴者、諮詢者、資源提供者，有時候甚至會成為學習者。

平時參加活動後可以引導孩子進行反思（參考上表），練習評估自己的表現，覺察與梳理自己的感受，試著提出疑問，整理自己在活動中經歷的挑戰，並試著為下一次的行動設定目標和擬定計畫。

我不是異類！在學校不等於有學習，學習不會只發生在學校

大家熟知的政務委員唐鳳、歌手蕭敬騰、國家文藝獎得主陳界仁，都有著非常不一樣的學習歷程，他們曾經都在體制教育受挫，但也因此發展出屬於自己的學習方式。

◆最高學歷國中肄業的政務委員唐鳳

小學時期的唐鳳，對瑣事記性差，常因忘記帶手帕和衛生紙，遭到老師體罰。不過由於先天聰穎，在學習或思想上均明顯超越同年齡學生，且因強烈求知欲望，讓她在課堂上總會提出許多問題，因而曾在小一數學課被直接帶離。於是，在必須顧及大多數學生利益的前提下，唐鳳被特別允許在上課期間到學校圖書館看書。但她很快看完圖書館書籍後，開始感到無聊，不想上課，校長在學校沒有多餘人力照顧下，建議她轉往資優班就讀。然而在競爭激烈的資優班裡，唐鳳雖然學業成績表現傑出，但也讓她成為同學排擠的對象。小學二年級時，她便遭到忌妒的資優班同學圍毆，亦有同學直接用椅子攻擊她。

隨著問題越趨嚴重，這些經驗讓唐鳳開始厭惡上學，罹患學校恐懼症，終日神經緊

張，夜晚哭泣且惡夢不斷，甚至數次透露自殺念頭。逐漸崩潰的唐鳳，每天回家便脫掉所有衣服，把自己關在房間讀書、哭泣和發呆，令全家人大為緊繃。而因其無法獲得歸屬，唐鳳的媽媽李雅卿必須每晚抱著她睡覺，讓她能夠在醒來後立刻獲得安全感。從小在體制內適應良好的李雅卿，不了解孩子不適應的情形，甚至鼓勵她努力克服上學問題。直到唐鳳因不願作弊而被班上同學踢昏後，見到孩子腹部瘀青的李雅卿決定把孩子留在家裡自己教育，在學校不願處理的情況下從資優班辦理休學。

唐鳳在國中一年級時，仍希望能夠進入大學就讀。憑藉著自己設計的電腦程式，她贏得全國中小學科學展覽第三名和保送第一志願臺北市立建國高級中學資格。在進入國中就讀後不久，於瑞士發明全球資訊網認識到網際網路世界與全新的交流方法，使唐鳳發現人生和學習方式存在許多可能性，她也能直接向研究人員學習想學習的東西。

由於許多研究人員樂意與唐鳳聯繫並提供解答，網際網路上的最新知識讓她發現課本內容過時，也對系統教育的想法有所轉變。因此，在諮詢校長和家人後，唐鳳最後決定輟學，離開傳統學校教育，開始在家自學。而因為選擇在家自學，之後也未就讀高級中學、大專院校，最高學歷只有國中肄業。

從唐鳳的成長經驗就知道，父母在這個歷程中扮演的關鍵角色，整體環境對一個孩子的發展是至關重要的。相信爸爸媽媽當年對唐鳳也存在著許多疑惑和不解，為了教養這個孩子耗費不少心力，當中也堆疊著許多情緒與衝突。

唐鳳選擇自學，這樣的選擇不僅是逃避舊有體制，而是知道自己要什麼，知道自己可以如何向前走。即便文憑只有國中肄業，但她現在的許多決定都影響著臺灣人的命運。

◆有閱讀障礙的歌手蕭敬騰

而有閱讀障礙的蕭敬騰，求學時考試成績經常不及格，在習慣用考試分數評價孩子的那個年代，閱讀障礙掩蓋了他在音樂方面的才華，他翹課打架，被學校歸類為所謂的壞學生。還好後來遇到少年輔導組的志工，讓他感受到溫暖，讓他有機會用音樂療癒自己，突破自我人生的困境。

蕭敬騰將自己的轉變，歸因於自己運氣比較好，能遇到少輔組的志工，能投入在自己最愛的音樂上，這也是他能從谷底翻身的原因。不過，他認為並不是每個像他一樣處境的小孩，都能有這麼好的運氣。面對這樣處境的孩子，我們可以做的還很多！

◆反抗體制的國家文藝獎得主陳界仁

臺灣藝術家陳界仁，一九六〇年生於臺灣桃園，在求學過程中也是充滿挑戰，最終取得高職畢業，他經歷八〇年代臺灣的戒嚴時期，曾經以游擊式的行為藝術干擾和挑釁當時的政治體制。從重新深度回顧自身的生命經驗開始，創作靈感源自於深掘自己的生命經驗，這是陳界仁的創作理念，與教育輔導工作的脈絡相符。教育輔導工作就是生命的實踐，他應和生活合而為一，每天都有機會重新審視自己對生命的理解。對於體制的反抗，勇於選擇自己認同的方向，靠著自身的努力，陳界仁發展出屬於自己的學習模式。

而母親的身教對陳界仁也影響甚巨，養成他自力更生的態度，在很多方面皆展露著自主學習者的特點：獨立思考，並能以非制式的方式解決問題。對於社會議題的關心，對於臺灣這片土地的關懷，對於下一代的教育，都是和陳界仁先生互動時真實的體會。

當我們相信每一個人都是獨特的，就應該理解成功絕對不會只有一種路徑，就像唐鳳、蕭敬騰和陳界仁的生命經驗。每個孩子適合的學習方式不同，這也是為什麼我們追求自主學習典範的原因。因為自主是一種量身打造的概念，孩子在成長過程中有能力找到自己的學習策略，而我們能做的就是扮演好一位資深學習者，在旁邊耐心的陪伴與引導。

執行功能影響注意力缺陷過動症孩子的自主學習能力

對於有注意力缺陷過動特質的孩子，在培養自主學習能力時，應強化執行功能的訓練。自主學習的過程，需要孩子具備有品質的專注力，且自主學習計畫與執行也和執行功能息息相關，而這些能力都可以透過後天學習訓練養成，有注意力缺陷過動症特質的孩子更需要刻意練習。

執行功能訓練就是培養自我管理能力

執行功能（executive function）是指專心於目前所做的事，以完成某項目標的能力，包括控制衝動維持注意力，以及彈性變化達成目標的能力。

孩子在自主學習的過程中，有能力覺知自己能力的強處與弱點、設定合理的目標、透過計畫或組織行為來達成目標，藉由行動完成目標同時，能抑制與完成目標相矛盾的行為；持續地監控和評價行為表現與目標之間的關聯性；在出現困難或失敗時，有能力彈性修改計畫，並且有策略的解決問題。以上這樣的歷程是執行功能所關注的。如果用簡單的一句話來解釋：

執行功能的表現，代表孩子的自主學習能力。

因為當孩子執行功能較差，學習時會出現開始行動的困難，自發性行動會減少，表現出來的是被動和拖延，可能出現固著的行為。而行為或意念轉換上有困難，也會出現行為控制上的困難，像是衝動行為，在學習的過程中，無法抑制自己和學習無關的行動。

此外，執行功能表現較弱的孩子容易缺乏自覺，無法清楚了解自己在社交情境中該扮演的角色，也容易無法辨識自己行為上的錯誤，無法理解抽象的刺激與情境，學習的過程中沒有計畫，缺乏維持目標導向的行為能力。

若要進一步了解執行功能的內涵，學者專家通常會將執行功能細分成十一項技巧：能先考慮清楚情況及後果再行動（**反應抑制**）；能在執行任務時提取和聯繫儲存在記憶系統中相關的資訊（**工作記憶**）；能管理情緒以便完成任務和達到目標（**情緒控

制）；能保持專注而不受無關事物干擾，或被疲累、厭倦的感覺影響（**持久專注**）；能不拖延，有效率且適時地開展工作（**任務展開**）；能分辨事情的輕重緩急，計畫達到目標的步驟和做事的先後次序（**規劃與優次排定**）；能建立和運用系統去管理工作和物件（**組織**）；能預計和分配時間以便在限期前完成任務（**時間管理**）；能在遇到不理想的環境或誘惑時，堅持向目標邁進（**堅持達標**）；能在面對障礙、挫折和新訊息時，修正計畫做應變（**靈活變通**）；能從客觀的角度做自我檢討（**後設認知**）。

執行功能對一個孩子的自主學習能力是重要的，而這項能力卻恰恰好是注意力缺陷過動和自閉症特質孩子的弱點。因此，有效提升孩子的執行功能，對於這類孩子的自主學習能力有重要影響。

要如何促進執行功能呢？

我們可以從改變學習環境、讓孩子習得執行功能的技巧、搭配完善的增強系統這三個面向來努力，讓這樣的行為（好的執行功能）變成習慣，並且讓孩子能變得自動化。

❶**改變環境**：試著改變物理和社會環境，改變學習任務，增加視覺輔助提示。

❷**習得技巧**：從定義問題開始，和孩子一起討論，共同設定目標，制定達成目標的可行性程序，協助並引導孩子遵循制定好的計畫，並在必要時提出調整與修正的建議。

❸**增強系統**：善用鼓勵強化孩子的行為，也可以嘗試應用行為契約形塑行為。

如果孩子在自主學習時效能不佳，我們可以陪伴孩子檢視自己學習的環境，是不是環境當中有許多容易讓自己分心的事物呢？試著移除環境中的干擾物，找到孩子能專心學習的場域。

有時候孩子學習的效能差和學習任務有關。是不是孩子覺得任務太難而卡關？這個難，有時不一定是孩子能力做不到，而是缺乏信心造成的。過去也有遇過孩子因為覺得麻煩，或成功的機率太低，而裹足不前。

當孩子處於這些狀態，就會影響到他自主學習的成效。爸爸媽媽（或老師）在陪伴過程中，也可以試著鼓勵孩子改變當前的任務，或把一個大任務切分成多個階段的小任務逐一完成。

#執行功能的訓練需要耐心的陪伴與支持

要刻意教導孩子執行功能的相關技能，而不是讓其自行觀察獲得，同時考慮孩子現階段能力的發展水平，避免設定過高的要求；要從訓練外在行為的改變，慢慢轉移至本身內在的變化，強化孩子的內在動機。我們可以透過改變物理環境、社會環境、互動方式等來支持執行功能的訓練。

還要努力提升孩子改變的內在動機，驅動孩子掌控自己想法及行為的能力與意願，訓練活動要符合孩子現有的能力水平，以利孩子練習。過程中搭配運用獎勵，增強教學訓練的效果，提供適切的支持，幫助孩子達至成功。

最後，要持續給予適切的支持，直到孩子能成功掌握這些技巧，才逐漸褪除，請不要突然褪除現有的支持和資源。

#用八個步驟強化孩子的執行功能

我們可以透過 SSFGREAP 等八個步驟來強化孩子的執行功能，分別是：支援／支持（Support）、結構（Structure）、回饋（Feedback）、訂立目標（Goal setting）、回顧

（Review）、檢討（Evaluate）、展望（Anticipate）及計畫（Plan）。

- **步驟❶—支持（S）**

了解孩子的需要，提供合適的支持，協助孩子進行計畫，並且做出改善，以達成預期目標。

- **步驟❷—結構（S）**

強調為孩子提供有系統及有組織的指導。

- **步驟❸—回饋（F）**

因應所設定的具體目標，根據客觀的數據資料，給予孩子具體的意見及回應，以了解自己目前的進展，並對自己表現進行反思。陪伴者明確且即時的回饋，能使孩子清楚知道自己哪些地方做得好，哪些部分仍有改善空間；同時要協助孩子自行找出適當的改善方法與因應策略。請記得，善用正面的回饋，將能促進大人與孩子的互動關係，有助於建立彼此的信任感。

- **步驟❹—訂立目標（G）**

執行功能的訓練，要協助孩子制定自我指導計畫，練習設定目標。比如引導孩子思考自己希望在哪些方面有所改變？自己會選擇用什麼方法來達成這個目標？

- **步驟❺—回顧（R）**

陪伴的過程中，與孩子持續進行反思討論，有意識地回顧自己的表現。引導孩子問問自己：上次討論時我訂下了哪些目標？從上次討論到現在，我根據計畫完成了什麼目標呢？

- **步驟❻—檢討（E）**

任何一項計畫的執行，檢討這個環節是必要的！讓孩子建立紀律性的檢討習慣，是提升執行功能的重要方法。定期問問自己：目前計畫進展如何？我做了什麼努力使計畫得以完成？現在這個方法能如何幫助自己達成目標？

如果執行過程不順利，目標無法如預期達成，我們也可以思考：有什麼因素使我只能達到部分目標？在實行這項計畫時，我遇到了什麼困難呢？

如果孩子無法完成目標的原因，是自己無法抵擋環境中的誘惑，比如只顧著上網打電動，而未能依照計畫完成功課，在檢討時可以問問自己：是什麼因素使我未能按照原定計畫完成任務？

•步驟❼－展望（A）

即便孩子還無法穩定的表現，未能依照計畫達成目標，我們仍然應該對未來懷抱信心。展望對每個人來說都是重要的，面對失敗仍需要持續地問自己：今天有什麼計畫嗎？希望在下一次討論時自己有什麼改變？我會再嘗試用什麼不一樣的方法來達成目標呢？我會如何改善各步驟，使自己更容易達成目標？

•步驟❽－計畫（P）

在不斷的與自我對話並釐清整個歷程後，孩子需要有能力針對現有的困境提出新的計畫。問問自己：會先嘗試運用哪個方法？我接著要做些什麼？我會怎麼樣使自己能記得這些步驟？

如果孩子給自己設定的目標是每天複習兩小時，那我們就可以問：你會怎麼安排這兩小時？你打算複習什麼樣的內容？你打算用什麼方法使自己能更專注於複習？

執行功能與自主學習有密不可分的關聯性，強化孩子的執行功能，就是在幫助孩子提升自主學習的能力。引導孩子了解自己的想法，練習感受自己感受的能力，後設認知對這樣的歷程來說是重要的，讓孩子有能力不斷地在學習活動中重新啟動專注力。

第7章

一〇八課綱是導入自主學習典範的好機會

主・筆・開・場・白

前面幾章我們多以實驗教育團體的課程經驗介紹「自主學習典範」。那麼，究竟自主學習典範能否導入體制學校？體制學校會因為導入自主學習典範而有新的轉機嗎？本章我們將以一〇八課綱為切入點，探討新課綱裡強調的精神，與自主學習典範中相呼應的地方，以及在新課綱的課程架構下，自主學習可以在哪些地方落實。

一〇八課綱的真正進展

教育部於二〇一四年十一月發布「十二年國民基本教育課程綱要總綱」，之後各領綱陸續發布，並於二〇一九年八月（一〇八學年度）正式上路，因此又稱為「一〇八課綱」。

剖析一〇八課綱的內容，其真正進展如下：

【課綱由破碎到完整】

1首次完成我國課綱的垂直整合：從小一到高三。

2首次完成我國課綱「形式」上的水平整合：將過去普通高中、綜合高中、技術高中三份各自獨立的課程框架，統整到一個課程框架之下。

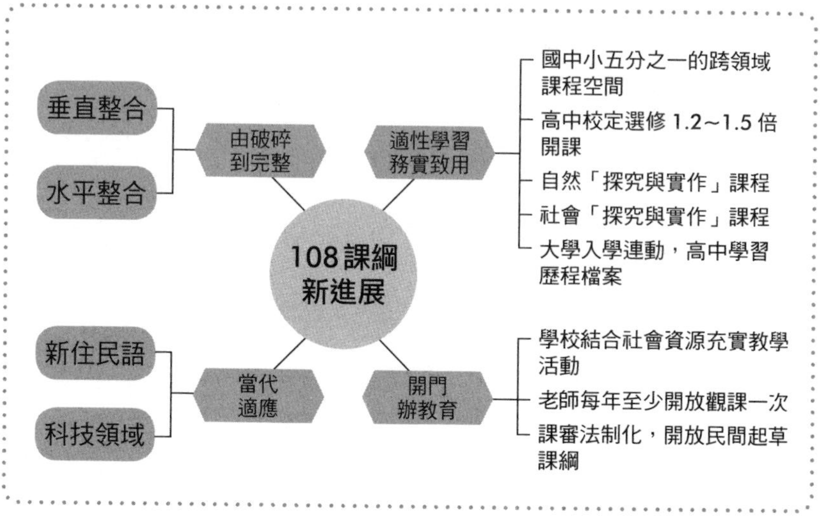
108課綱
新進展
由破碎
到完整
垂直整合
水平整合
適性學習
務實致用
國中小五分之一的跨領域課程空間
高中校定選修 1.2~1.5 倍開課
自然「探究與實作」課程
社會「探究與實作」課程
大學入學連動，高中學習歷程檔案
當代
適應
新住民語
科技領域
開門
辦教育
學校結合社會資源充實教學活動
老師每年至少開放觀課一次
課審法制化，開放民間起草課綱

【開門辦教育】

3《高級中等教育法》第四十三條：「學校規劃課程並得結合社會資源充實教學活動。」

4老師每年至少須開放觀課一次以上。

5課審制度法制化（已實施），並開放民間提案（待實施）。

【當代適應】

6國小新住民語新設領域。

7國中科技新設領域：含生活科技（設計與製造）、資訊科技（運算思維）。

【適性學習／務實致用】

8國中小五分之一的領域學習節數，可由學校規劃跨領域課程。

9高中校定選修從一點二倍起跳，但高中老師超鐘點，無法承擔更多選修課。

10自然領域有「探究與實作」課程，不是只有講解知識。

11社會領域有「探究與實作」課程，不是只有講解知識。

12大學入學進行考招連動，參考高中學習歷程檔案，做為入學取才依據。

課綱的進展不等於現場的進展

目前一〇八課綱在現場實施上碰到兩大方面的問題，除了課綱本身的問題之外，還有就是教學第一線仍然堅持「關門辦教育」。

課綱本身的問題

#仍是一份過量的課綱

由於各領域節數就是現場老師們的「飯碗」，各領域慘烈爭奪時數之下，只能在自己領域盡量灌內容，才能守住保有時數的正當性。最後各領域內容加總起來的課綱，對多數同學來說，仍是一份過量的課綱。現場因應過量的課綱排課，排課仍會過滿，「教過」的典範還是壓倒「教會」的典範。直接結果是：大量的學生淪為陪讀。

#總綱前三章和後三章精神與肉體分離

總綱的前三章（背景、理念、目標）標榜自發、互動、共好，完全是按著自主學習典範的理想來，可以說在意識型態和價值觀上，和自主學習典範並無二致，但是後面三章（階段、架構、實施）則採用舊典範的技術選項與人際關係。

一個典範分成三個構面：價值觀、技術選項、人際關係，三個構面必須表裡一致，邏輯自洽。但是課綱牽涉那麼巨大，怎麼可能一次就把典範翻過去？所以只能新舊妥協。於是，總綱中與執行相關的後三章，就仍以畫一各年級教學內容，使用教科書教學為主要技術選項；想要將過量的內容都教完，也只能維持「老師依教科書教」、「學生聽命於老師學習」、「家長不要來打岔」的人際關係。

自發、互動、共好，不可能靠重編新一版教科書來達成，還需要很多新元素：

(1)讓學生有更多參與自己學習治理的權力（含學什麼、怎麼學）。

(2)學習過程中需要老師更多的陪伴、嚮導與教練。

(3)讓學生有更多的當代適應，更多行動學習。

(4)讓學生有更多蒐集資料、架構資料、上台發表的訓練。

教育現場仍然堅持「關門辦教育」

現場仍然堅持「學校是我們教師的學校」、「學校是我們行政的學校」，學校是城堡，外人別來瞎摻和。而時代在快速變遷，學習需求快速暴漲，所以學校在「科層」上的上級就應該給我們更多經費。殊不知教育經費雖在增加，但只要典範不變，永遠也追不上學習需求的成長。

下圖有兩條斜率不同的發展曲線：斜率較大的，是家庭教育需求的成長線，每年增加；斜率較小的，是學校教育供給的成長線，也是每年增加。社會變遷速度越快，教育需求的成長也會跟著增大；教育供給雖然也與時俱增，但受限於政府稅收無法增加太快，其增長速度會追不上社會變遷下教育需求的成長速度。兩者的差距發展會宛如剪刀的上下兩刃，我們稱之為「剪刀差」。

想要解決這個問題，只有「開門辦教育」一個辦法。

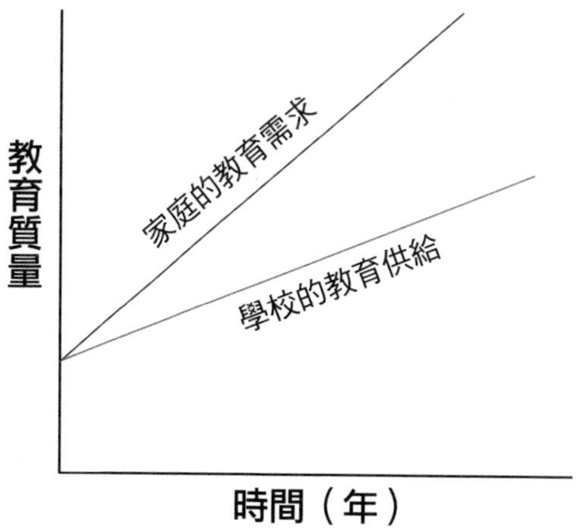

以資訊科技設置領域為例，它需要教每一個國民學寫程式，而學校裡要得到那麼多的教學人力，可以教全部學生學寫程式，不可能來得及培育。再說這幾年因為少子女化，學校怕來年要資遣過剩的老師，有缺額也不開缺徵聘正式老師，更不可能進用那麼多新的資訊老師。放眼全國學校內教師不夠，但是整個臺灣民間人才卻是夠的，而且還有餘。只要接納這些人才，以「教學支援人員」的角色進入學校幫忙，多數學生就不會學寫程式學到「越學越恨」了。

再說到一〇八課綱，高中須增加校定選修，並由一點二倍率出發，漸漸走向一點五倍率。但現在連達到一點二倍開課都很吃力，這代表五個班至少得開六門課，高中老師平均要超過基本授課節數五節以上，才能在數量上滿足。

而這還不是在質量上滿足，因為「老師想開」的課，不是「學生想學」的課。想要適性揚才，讓學生可以修到更多「合性向、有興趣」的選修課，如果只放眼校內老師，便會碰到沒有那麼多不同專長老師的問題，因為學生興趣的廣度，恆大於老師專長的寬度，而且大很多很多倍。

從蔣偉寧部長開始推動十二年國教立法，並籌備十二年國教課程開始，他就推動

「拉大學來幫高中開預科」，這個做法當然有用，但它只能滿足高中前段學術性向強的學生，而更多高中生需要的選修課，是那些能幫助他們看懂社會、改善生活、釐清性向的選修課。開這些課的人才不在大學，而是在社會的百工百業中。

突破口在哪裡

從舊典範轉到新典範固然步步艱難，但也不是沒有突破口，以下就是突破口所在。

國中小可用的自主學習節數

以領域學習節數的百分之二十加「彈性學習課程」來算，下表是學校可以自行運用的校定課程節數：

小學低年級	小學中年級	小學高年級	國中
6～8節	8～11節	9.2～12.2節	8.8～11.8節

高中的校定選修

校定課程由一點二倍率開課開始，逐步要達到一點五倍率開課。

如果在國中小和高中這兩個校定課程區域，引進自主學習典範的課程設計，慢慢地新典範就會滲入學校之中。但要能夠這樣操作，需要以下條件：

(1)體制內有一批老師願意打頭陣。

(2)有比較成熟的培力方法，支持這批老師就「帶領自主學習」進行自我培力。

(3)這批老師熟悉三百多項補助要點，而且有良好的工具（例如「教育部補助要點平台」）快速查詢全部的補助要點，辦理申請相關補助，支持所提的校內「微型自主學習課程計畫」。

(4)國教署高層支持。

(5)部分地方教局處開綠燈。

(6)有許多社會資源支持這批老師開門辦教育。

(7)有支持社群願意默默當這些老師的後盾，隨時在各方面給予幫助。讓他們有機會連點成線，連線成面，結成網絡。否則孤立的進步，最後終將萎死。

這些條件，有的已經在那裡了，有的大家正在努力，如果這也是您的期待，歡迎來一起出錢出力。

歡迎大家捲起袖子一齊來努力

目前振鐸學會正與教育部國教署合作，推動「自主學習帶領者培力計畫」，這個計畫目的在招募並培力二十位學員熟悉自主學習典範，並能將自主學習典範運用於校內學生學習之課程設計上。

招募的目標學員組成與特質簡述如下：

- 二十位學員中，至少有十五位學員應為體制學校教師（含代理代課教師）、校長或職員，另五位可為體制學校外人士，如教育行政人員、家長、社區大學人員、科普教育推廣者、獨立教育工作者……等，以增加學員人脈之多元性。
- 體制學校教師部分，學員應跨縣市分布。
- 所有學員應於兩年內完成組課四學分、實務浸潤一二〇小時，並辦理成果發表。

・所有學員本身應為好的學習者，並且能接受新觀念，願意將本培力相關事宜置於其生活事務靠前之順位。

推行中的計畫工作

為了順利推動自主學習帶領者培力計畫，我們正在進行以下工作：

1 建立籌備／籌辦團隊
2 建置工作與社群網站
3 前期準備工作
4 拜訪教育局處
5 招募學員並進行簡易面談
6 建置與使用「教育部補助要點平台」
7 剖析「一〇八課綱」自主學習空間
8 發展與實踐「校內微型自主學習課程計畫」
9 引導學員自組織

10陪伴學員組課共學
11陪伴學員實務浸潤
12陪伴學員辦理成果發表
13陪伴學員進行組課典藏
14陪伴學員發展社群

所以，不論是您介紹人來參與計畫，還是自己願意跳下來出力出錢，我們都極為歡迎。

後記

在我起心動念想要寫一本關於自主學習的書時，腦海中第一個浮現的人就是丁志仁老師，因為過去幾次互動下來，丁老師讓我感受到他的生活模式貫徹自主學習典範的精神，也可以說自主學習就是他的人生哲學與生活態度。

在我們決定一起完成這本書的同時，丁老師邀請我一起組課共學，我們開啟了為期半年每兩週一次的組課，主題是「自主學習輔導平台」，在本書群學單元中已有詳盡的介紹和說明。這個組課讓我有機會身歷其境，感受群學的意義。

自主學習是每個人與生俱來的能力，過度控制的教養與教育只會扼殺孩子的天賦。就像被圈養大的動物會忘記如何獵食，在弱肉強食的真實世界中，飼料雞終究無法與土雞相抗衡。當大人適度放手，孩子就有自主的空間。從概念到方法，從理論到實踐，相信讀到這裡的朋友們應該對自主學習典範已有清楚的理解。

這些年臺灣的教育環境不斷變化，新課綱也為自主學習典範開展新的機會，絕對不只有選擇個人自學或就讀實驗教育，才能培養孩子的自主學習能力。教養和教育不應該的作為，若是抹煞孩子自主學習的能力，將與教育願景背道而馳。期待本書中的觀念與方法能成為大家陪伴孩子自主學習的助力，對我來說，能與丁志仁老師合著《讓孩子做學習的主人：自主學習典範親師指南》是站在巨人的肩膀上。

我和丁志仁老師有著完全不同的生命經驗，不一樣的人格特質，不一樣的學習經歷。當我們在教育輔導工作的路途中相遇，卻能對自主學習這個題目有如此相近的理解，我覺得這就像是心理學家榮格所說的：「生命當中有許多有意義的巧合。」我們能相遇相知是有意義的巧合，能完成這本書也是！

附錄

自主學習推手面對面

自主學習說難不難，說簡單也沒那麼簡單。本書的最後透過我和丁老師的對話，希望能讓讀者有機會更深入自主學習的核心，理解我們在推動自主學習典範的心路歷程，也讓大家知道當中的眉角，以及未來可以持續努力的方向。

Q 自主學習的收與放，該如何拿捏？

曲：想和丁老師針對自主學習方法論的部分交換意見。現在坊間或是說在市面上，不同的機構、不同的團體都在做自主學習。但透過組課共學的方式是比較少見的。我自己的觀察是，不同的教育團體或機構，追求的是要有自己的一套課綱，或是要有自己的一套課程架構、課程的體系，但我覺得中間有一些矛盾，包含我在整理學者對於自主學習的理論，隱約感覺都還是比較從傳統的典範切入。

丁：沒錯！

曲：許多理論都提到，要引導學生自主學習，都是先預設學生沒辦法自主學習。

丁：對！

曲：所以許多教學現場的教育工作者（包含大人）都是從控制最多再放開。

丁：對！

曲：這可能也是我比較早期的想法，不過，在寫這本書的過程中，越想越覺得矛盾。

丁：當然！

曲：這一個預設是學生其實沒有自主能力，大人會從約束到放開，先緊後鬆。一開始自由限縮，控制得比較多，給予學生的自主空間和彈性較少，待學生準備好後，自我控制能力比較好，才放給學生較大的自主空間。這部分丁老師怎麼看？

丁：並不是先鬆後緊或先緊後鬆的問題，而是怎麼「重用學生」，並且讓學生養成「立約承責」的習慣。壞事的往往是老師和家長——假裝重用學生，實際上並沒有，自己又沒做出立約承責的好榜樣。

幾歲的孩子可以開始組課共學呢？

曲：其實一開始就應該要預設學生可以的！所以在組課這件事情上，我記得丁老師曾經說過從幼兒園這個年紀就可以開始組課？就可以有能力組課？

丁：對！

曲：那我覺得這就是完全不同的典範，這個過程當中，是像我講的一樣嗎？老師跟我的理解是一樣的嗎？

丁：嗯，我們的理解是一樣的！從基本上來講，這典範可以扛起新的人類社會典範。

曲：嗯，它等於就是要從根本扭轉的一件事情（學習典範的移轉）啊！

丁：我們就是要做這件事啊！因為只有這樣做，臺灣社會才會有好的發展機會啊！譬如說：第一、只有這樣做，臺灣才會有可能變成一個真正的多元社會。臺灣很可貴的就是，我們已經有一個好的背景，我們是個多梯式移民社會，跟日本那個單一民族國家比較起來，是有更好的機會成為一個多元的社會。第二、臺灣正在走向去金字塔化的國家。

曲：嗯。

Q 日本的寬裕教育為什麼只做了十年？

丁：比方說二〇〇〇年的時候，臺灣在弄九年一貫課程，日本在弄寬裕教育。寬裕教育十年後他們就改回來了，所以日本只有那十年的小孩叫做寬裕世代。寬裕世代的那群小孩有很多優點，但為什麼十年後改回來了？寬裕教育其實是前首相中曾根康弘在二十世紀末成立日本教育臨時審議委員會時，整個社會討論後得到日本必須這樣做的結論，所以開始走寬裕教育。但寬裕教育十年後，日本大人受不了了，因為他們認為寬裕世代的孩子語文不如以前，數學也不如以前。

曲：整體能力不如以前的孩子。

丁：但他們忘記一件事情了啊！寬裕世代他們有一個廣度，不是以前那些小孩能夠比的啊！

曲：嗯。

丁：但他們又改回去了！韓國在兩年前有一部影集叫《天空之城》（*Sky Castle*），最後那兩三集收視率是百分之二十四，就是有將近四分之一的韓國人民在看那部戲。為什麼呢？因為那部戲表達出韓國金字塔化的社會，深深刺傷韓國每一個家庭。

曲：嗯。

丁：Sky Castle的S代表首爾大學，K代表高麗大學，Y代表延世大學。這三所就是韓國最頂尖的大學。整個韓國的青少年為了教育金字塔（匹配社會金字塔）

而內卷化。韓國社會全體國民都覺得很痛苦，想要從那個金字塔爬出來，Sky Castle裡面的圖騰，就是韓國社會的那個金字塔，到現在為止，有無數的影視作品也都在反省這件事情，也就是韓國金字塔化！

金字塔化的一個社會結構，其實跟它的教育完全是互相匹配的，大學、高中開始就分明星學校。不過臺灣幾乎快要走出來了啊！在臺灣，你現在一定要上名校嗎？像是拚會考，其實現在是假議題啊！臺灣其實已經接近一個多元社會，原來那個金字塔化的社會制約，實質上是不存在的啦，只是殘存在很多人的心中。

你越是用土雞典範（自主學習典範）養大的小孩，他們長大之後，他們的人際關係、組成的社會，就不會那麼金字塔化，越容易使臺灣走向一個多元社會。

曲：我認同這樣的想法。但現存的體制、課綱，或者各種自學的團體或機構，仍留存著這種金字塔、階層體系的思維，但卻又想要去培養孩子自主學習的能力，這樣會不會很矛盾？

丁：那些舊慣性已經是昨日黃花啦，和自主學習的時代潮流相矛盾。

曲：嗯。

丁：你知道，如果你想要你家小孩日後經濟上有一個安穩的生活，可以成立打掃公司、當水電工，這些月酬也都是六萬以上起跳。你現在當學霸，然後去考清華，出來去科學園區，那個等待你的生涯是什麼？不就是爆肝嗎？四十歲早衰。

曲：我是不是可以這麼說，臺灣實驗教育的諸多團體，雖然仍某種程度保有金字塔的思維，或者沒有完全符應自主學習典範的操作，但是比起體制學校，還是多了很多彈性和機會去培養自主學習的能力？

不使用教科書，不受課綱拘束，會發生什麼事呢？

丁：對！因為多了許多元素嘛！非常非常多不一樣的元素。應該說解放非常非常多了。

舉例來講，想一想老師不使用教科書會發生什麼事？第一個就要想：那你要教什麼？好，所以他已經讓第一張骨牌倒下了。只要不使用教科書，不受課綱約束，幾乎每天都要去度量各種知識、技能跟小朋友生命關係的遠近。這就是以學生為主體的開端了。

曲：嗯。

丁：過去，當開始有教科書之後，很多老師變成只會照本宣科，教學的思維被教科書綁架，腦袋裡每天只想著要教教科書提供的內容。老師們有沒有思考這些到底跟學生的生命關係多遠多近？目前的課綱基本就過量。課綱的基本根本不是基本，它所謂的基本其實是什麼？是為了前百分之五到百分之十程度學生設計的。

曲：能學得完就很厲害！

丁：一般資質的同學不可能學得完啦，如果以高中為例，以課綱的規定根本不可能學得完！就前百分之五到十的人可以學得完，而學得完還不等於學得會，能夠全部學會的，只有前百分之三、百分之五。

Q 自主學習典範有沒有基本內容？它包含什麼？

曲：如果在這樣的架構底下，我們可以探討不同實驗團體或機構的發展過程，一開始是非常開放的，或者是說沒有框架，當它走到一個階段，它也會形成自己的系統？

丁：這裡似乎有一個誤解，以為自主學習典範沒有什麼框架，過去在自主學習圈子裡曾經激烈辯論。

曲：嗯。

丁：討論的題目是：「到底自主學習典範有沒有基本內容？」後來結論說服所有人，答案是有的！基本上就是六個領域：第一是語文，語文絕對是基本內容，沒有人敢否認說語文不是基本內容。第二是數學，數學也是基本內容，因為過去三百年這個世界已經變成用數字在管理了。第三是科學，那為什麼不把數學和科學結合在一起，因為數學是先驗的，科學是經驗的，在最底層的學習方法，有一些根本上的差別，所以它們沒有被合在一起。第四是社會。第五是藝術。第六是身體，就是關於身體的知識，包括身、心、靈，也包括內在和外在，這六個領域就是自主學習典範中的基本內容。

曲：那所謂的內容是包含什麼？像是語文要教什麼？

丁：好，這就是當前臺灣整個自主學習典範最重要發展課題之一。就是語文要學什麼？數學要學什麼？數學你起碼學會整數四則、小數四則、分數四則，代數你要學到可以看二維圖表，可以理解兩量關係的圖表。

曲：這些是出社會需要用到的東西？

丁：對，那這代表什麼意思呢？最少你要教到二元一次方程式開始看XY軸和兩量關係。至於多項式四則運算、因式分解，不是基本內容。這樣能夠理解我的意思嗎？

曲：嗯。

丁：現在我們大概已經知道，哪些是基本內容，哪些不是基本內容，檢驗內容也很簡單，就是所謂的生活實踐。我們可以用「生活實踐」來檢驗哪些是基本內容？哪些不是基本內容？自主學習典範的基本內容是適量的，就是它真的是基本。

Q 如何從「學過」到「學會」，超前部署因應世界變動？

丁：我小時候，高中只收百分之三十的人口，就是高中是給百分之三十的人念的啦！然後大學就是給百分之十八的人口，就我升學的那個時代。這個結構很清楚，前面幾十年基本都一樣。我們高中內容的更新，一直是沿用給百分之三十念的基本內容，這樣的概念一直延續到今天。當你基本內容那麼不基本，你就會走向一個「學過」的典範，而不是「學會」的典範。如果數學涵蓋在我們剛剛講的這個基本內容，我有把握九成二的同學都可以學會，就是九成二的孩子都能夠學會然後去應用，去參與已經用數字化管理的世界。那這個典範，就是學會的典範。孩子會用他所學的這些東西去看書、看圖表、看網頁。

曲：那另外一群需要接受這個觀念的就是家長，就是我們的社會。

丁：因為世界變動得太快，比所有那些家長想像的都快。他們腦筋不能還停留在過去成長階段的那個世界，未來生活不會是過去世界的簡單延伸。

在書裡面有稍微提到，二〇二〇年到二〇四〇年最少有百分之四十的人類工作會重新洗牌。單單自駕車一個項目，就要淘汰掉八千萬個工作機會。因為在現在所有工作內容清單裡面，所有人使用最多的是駕駛，人類溝通靠的就是運輸。這個已經是非常清楚了，未來五到十年，自駕車會走入日常應用，只會更快，不會更慢。沒有人能夠競爭得過自駕車啊！它不需要百分之百安全，因為美國一年撞死四萬個人，所以它只要比人開車安全就夠了。

這只是一個項目而已啊，對不對，那你認為大學的科系調整跟得上嗎？證照內容的調整跟得上嗎？就我們目前存在的兩個體系，在課程的市場下，靠的一個是學位，另一個是證照，怎麼有能力因應二十年之內百分之四十的工作內容重新洗牌？政府有可能讓這個速度慢下來嗎？不可能啊！因為決定這些速度的是各大跨國公司的每季財報啊！投資人是最沒耐心的。

曲：不可能停下來，不可能減速啦，人類都可以上外太空了……

丁：那好啊！如果在這個社會快速變遷的背景底下，土雞典範當然比飼料雞典範有利得多。因為教育核心的提問已經改變了，現在所有基本內容網路上都有，你說叫老師備課再照本宣科？問題是網路上有很多老師比現場的老師教得好。

曲：嗯，有很多都在網路上可以找得到。

丁：對不對，那你現在是不是陪小朋友去蒐集（學會搜尋和辨識）這些知識就可以了。其實還需要補充在自主學習典範下的數位學習方式。

這部分跟以應試為目的的自主學習和數位學習完全不是一回事，過去我們這邊的做法是買個NAS，分配私有雲空間給小朋友。小朋友平常練習就是在蒐集資料，放到他個人的私有雲裡面，然後他要學基本HTML的識讀，不是要他很會寫，他要很能看原始碼。

當你有一套蒐集知識的方法，即便腦袋不夠大，但你已經學會一套庫存知識的方式，然後群學。小朋友單一個都不厲害，但當大家組成一個team，就會厲害很多倍！不管哪一個機構都應該這樣做。

曲：就是我們書裡面談到的乘法協作（群學），現在要強化他們這個能力啊！如果你運用這些方法訓練出來的小孩，跟那個用應試教育訓練出來高中畢業的小孩，兩邊比比看，你丟一群任務給這兩群人，應試教育那邊的人，你只要丟給他看以前沒看過的問題，他可能就不會解了。

Q 要怎麼去定義及實踐自主學習？

丁：總而言之，自主學習可以用以下四個定義：第一、你讓孩子參與自己的學習治理；第二、你讓孩子習得群學的能力，跟其他人一起組team，培養一起學習的能力；第三、你讓他抬頭，開門，走天下，以世上萬物為他學習的來源；第四、以上三者都要經過生活實踐的融合跟檢驗。大人可以陪伴，可以互動，成為嚮導，但是無論如何一定要讓他參與自己學習的治理，包括：我要學什麼？我怎麼學？

曲：嗯，對。

丁：你一開始講的由緊慢慢放鬆，也可以應用在這個脈絡下。就是說，你可以讓孩子剛開始參與學習治理的那個程度，是沒有那麼高的，隨著他漸漸長大，見多識廣，讓他參與學習治理的比重漸漸提高，但是本質不變，你要盡可能讓他多多參與自己的學習治理。不要用「小孩太小，不會游泳，玩水會淹死」這個邏輯，一旦用了之後，小孩不玩水是不可能學會游泳的。此外，也一定要凸顯自主學習的範圍包含「群學」。就現實的意義上來講，如果不進行群學，他也沒有可能應付這麼龐大的增量，網際網路出來之後，知識跟技能的增量，越來越超過個人可以吸收和負荷的程度。

群我與個體我孰大孰小？如何培養？

曲：我覺得群除了實體的，也應該包含網際網路上面的群。

丁：群學是個體我跟群我互為主體的人際關係的一種薰陶。孩子從群學的過程養大，他習得的那個價值觀是「我為人人，人人為我」，因為這不是一個道德的訴求而已，而是取勝之道。

曲：這樣才會讓乘法協作發揮力量！

丁：對，這個跟傳統體制讓群我幾乎是淹沒跟壓制個體我的情況完全不同，也是體制學校的硬傷之一。

曲：體制內應該是群我比個體我大嗎？

丁：大太多！

曲：要不然就說個人別自私嘛！

丁：個體我會表現出自私，是因為當群我淹沒個體我時，表面上得逞，私底下卻培養出個體我，用自私自利應對。「君之視臣如手足，則臣視君如腹心；君之視臣如土芥，則臣視君如寇讎」，現在在體制學校裡面，運用群我，根本是要取代個體我的主體性，那個體我會防衛啊！對個體我來講，在博弈格局裡自私自利，反而是一個合理的因應策略。但是在自主學習典範下，群我的意義自始至終就是一榮俱榮，一損俱損，其取勝之道是「我為人人，人人為我」，這時候他們習得的價值觀跟習慣是群我、個體我互為主體。

曲：對，這個其實在自主學習典範裡面應該要培養！

丁：在學生的成長階段，他的人際關係就是這個樣子。而且學校還必須跟家庭協作，因為學校教他，不是一個一個都有任務小組嗎？有小群有大群嗎？

曲：嗯，沒錯！

丁：不管在小群還是在大群，你採取這種「我為人人，人人為我」，才是取勝之道，他家長教他另外一套，會互相抵銷。所以一開始，為什麼我們一進來要強迫家長去承擔「吃飯說菜」這門課，就是把家長老師化。

曲：就等於是讓家長參與在這個過程當中，也改變家長的想法。因為他們也是一個群的一部分啊！

丁：對啊！也就是說，你在這辦學群裡面，設法要找到三分之一左右的家長，他們比較不計較，那只要這三分之一的比較不計較，就可以源源不斷的中和負能量。

曲：嗯嗯嗯。

丁：只要正能量比負能量稍微多一點！

曲：多一點就可以了。

Q 老師和家長在自主學習典範中的角色為何？

丁：多一點就螺旋向上了，不需要出很多外力也會螺旋向上（邁入正向循環）。所以我們那個單車六百公里的大課，就是家長們都要下來參與，該領騎的去領騎，該出麵包車的出麵包車。小朋友要去訂住宿、訂便當啊。這樣弄下去之後，很清楚，就是你那天便當沒訂，沒準時送到，大家挨餓啊！家長必須做榜樣，不能讓所有家長都在旁邊當啦啦隊，要下去領騎（參與）啦！家長可以輪流領騎，學生要騎六百公里，從頭到底。這些這麼多的難題要大家一起出力解決啊！還有當然不能一開始就辦，你可以第二年辦。你已經知道那三分之一不太會計較的家長是誰，你可以看得出來。

曲：這部分應該是我們先前談過的資深學習者和資淺學習者的概念。老師（家長）就是資深學習者，代表著這個團體的文化和成長的方式，也要符應自主學習典範。老師如果不是一個好的自主學習者，基本上也不太適合做這一行。

丁：沒錯，教師培力一直等到政大那個實驗教育工作者的培力〔註〕，才產生比較結構化的解方。之前根本就是看天啊，但現在已經有一套方法，可以讓這些資深學習者群學。

〔註〕教育部委託國立政治大學教育學系成立實驗教育推動中心，宗旨在於推動實驗教育的發展，以促進臺灣的教育改革與創新。「實驗教育工作者培育計畫」是該中心於二〇一六年開展的計畫。

Q 要如何解構科層，改變整個系統的狀態？

曲：嗯。那我就有一個問題了，就是因為整個團體的發展，就像老師你一直在講的，要改變這整個系統的狀態，而對於一個團體，它如果一開始人數比較少，在自主學習典範的操作下，以老師的經驗，有沒有一個人數方面的挑戰性和瓶頸？會不會因為學校越長越大，科層就出現了？

丁：所以要開始嘗試走向不同的結構，要把學校當作班級的聯盟。

曲：這我完全可以理解，可是就人性的角度來說，還是需要一個努力的目標。因為就會變成說資深學習者，所謂的資深，他可能是年資很深，開始就會有老大心態，或者說他可能被這個單位賦予這個責任。

丁：這就是為什麼我們這一行必須走到勞基法base，不可以走體制學校鐵飯碗的base。

曲：我的觀察是回到人性的角度或人的角度，有些人的確會追求那個power，這個系統不對等的狀態就可能出現。當這狀態出現的時候，我自己觀察真的會影響到整個團隊運作的氛圍。

丁：那他（善用傳統典範的權威者）就很有可能走向舊典範。

曲：如果以操作來說，假設是有意識的人，那我要讓正能量比負能量多，他還是存在著舊典範，他有沒有可能還是要解構，不然就還是卡卡的。

丁：科層一定要解構掉。我一開始不是就提了工作圈和科層兩種工作模式，也就是這種自主學習典範一定要讓大家習慣用工作圈模式做事情。

馬克斯．韋伯對科層特性有很清楚的說明：第一、明確職掌。在單位中，每個人都有明確的職掌；第二、頒設規則。你應該做什麼，不應該做什麼；第三、簡單的介面。每個人都是同事，有著同層單位和對上單位跟對下單位的關係，就算金字塔變得更大，介面也是簡單的。

所以科層在古代可以發展到非常非常巨大，因為韓信懂這套，他才會教育劉邦：「你最多能帶十萬兵，超過十萬兵，你帶就會亂了。」而劉邦就問他說：「韓信你可以帶多少兵？」他回答說多多益善。畢竟對韓信來講，他已經有整個科層運作的模型，再大他也不怕。

在這科層模式裡面，你要廢除一個過時的任務是困難的，要新增一個新的工作也是困難的，因為職掌不能由成員隨意改變，所以大家都很痛苦，這就叫做僵化。

另一種是所謂的工作圈模式，特性是商量分工。通常這種情況，就大家聚在一起，商量一下要幹嘛之後，我們就再商量誰去做什麼事，等分完工，約定的事要怎麼完成，都是各自想辦法。你只要想得出辦法，辦得到，大概就不會跟你爭論，所以成員會有比較高的自主性。

但是有一個基本的限制，隨著人數變大，會需要有不同型態，五個人小組很好操作，十個人也不難，一萬人就關係到排列組合，所以通常政府會混搭做事，以科層為主，中間夾雜一些小的委員會，委員會就用工作圈來做事。過去只要關係數量大到一定的程度，工作圈就無法管理，但網際網路改變了這一切，使得點對點關係的大量管理變得可能。

Q 是什麼讓這個世界最底層結構正在發生變化？

丁：古代有一個農夫，有偏方可以治公主的病，那他怎麼有辦法接觸到他的國王？因為他有個同村是幫皇宮洗衣服的，那個同村又認識另一個幫皇宮理髮的，而幫皇宮理髮的又認識一個公主的侍女，侍女告訴公主，有人有偏方能治她的病。最後公主跟國王講，國王就徵召農夫提供藥方。這其中有一個很重要的關鍵人物，就是宮廷的理髮匠，他同時跨足了宮廷和村落兩個生活圈。他是這個網絡中的「長連結」。人群之中如果有很多長連結，例如某一些人同時在歐洲和非洲都有人脈，那要串連全球的人際關係就變得更容易了。

當群體中人數增加的時候，點對點的關係數會呈指數成長。直到網際網路出現，人類才有辦法管理大量的點對點關係，因為人的大腦可以處理的人際關係數，受鄧巴數（一〇〇至二三〇）的限制。從漁獵採集民族以來，我們人的腦並沒有太大的躍進，在早期手機出來的時候，那個sim卡通訊錄大小，大概就是鄧巴數左右。但是網際網路改變了這點。

曲：嗯嗯嗯。

丁：現在這種改變大家都看到了。如果沒有網際網路的話，今天談的行動學習這套，根本風險太大。

有碰過哪些比較棘手的自主學習陪伴經驗嗎？

曲：過去這些年，在陪伴學生自主學習時有沒有遇到比較困難的？我自己的感覺是群學的能力好像變成自主學習裡面的一項。

丁：是的，非常關鍵！

曲：但是其實有一類學生在群學這個能力上，即便在傳統科層體制學校的時候都有很大的困難。

丁：一個二十到三十人的班，我講的是小孩子沒有特別聰明，也沒有特別笨，有百分之五左右的特殊學習需求學生，這種局面底下，沒有困難，但是相對的，群裡有四到六個特殊學習需求學生，這個挑戰也就很高啦！你在一個二十到三十人的群裡面，如果我們分布不是太詭異，你可以讓它正能量能中和掉負能量。我曾經帶過一屆只有四個小朋友，群學也沒有瓦解，維持一整年都沒有問題。如果你碰到四個家庭是適合群學的，不會扯後腿的，大概可以；如果倒過來，四個都是會一直放出負能量的，就搞不下去了。

曲：所以那些負能量，不完全是學生的特質，也包含家長？所以群學的能力，不完全只是學生，也包含家庭。

丁：可能老師沒有問題，但是你可能會碰到問題很大的家長，像這種家長一次碰到四個，在一個二十人到三十人的班，數量不是太大，但是如果班很小就會出問題。

曲：所以在陪伴孩子自主學習的過程中，輔導工作也包含著和家長一起工作，換句話說，輔導的對象很多時候也包含家長。這部分的方法論未來可以持續探討，不過我覺得家長也需要學習，尤其是陪伴孩子自主學習的歷程，學校老師和家長的互動是重要的，這部分我們在無界塾就非常的重視。

丁：群輔導的論述跟方法還沒得到完整的發展，之前輔導個案都是比較偏向個人的。

曲：是的，這也是我們為什麼要推動自主學習與輔導工作坊，目的就是彙整不同人的經驗，汲取大家的智慧，建立一些策略和方法。

【QA加碼題：陪伴者常見的提問】

對談到此結束，最後我們可以再從幾個陪伴者家長常見的提問，更進一步理解面對不同特質和需求的孩子，大人還可以做些什麼，降低他們學習的門檻。

〔問題一〕

不知道孩子喜歡什麼，如果孩子一直無法找到興趣該怎麼辦？

A：興趣的探索需要時間和機會，很少人會什麼都不做，就知道自己喜歡什麼？又不喜歡什麼？當孩子一直找不到自己的興趣時，我們應該如何關注孩子的心理狀態，避免讓他承受環境中不必要的壓力呢？我們可以試著這樣做：

(1)興趣不是想出來的，興趣是試出來的，要讓孩子有機會探索，就要在生活中留白。

(2)不要抱持太功利的想法，不是試過一次就要確認孩子到底對這件事有沒有興趣，因為有時候興趣愛好也會需要時間培養。對於興趣的培養不是都需要砸大錢，不要過度用這樣的論點給孩子壓力，例如：「我在這個項目上投資你多少？你怎麼可以……。」這樣的互動可能造成孩子在探索過程中不必要的壓力，導致孩子不敢說出自己心裡真實的想法。

(3) 陪伴孩子試探的過程也需要保持彈性，因為現在喜歡，不代表之後會繼續喜歡，興趣也可能會隨著時間推移而改變。

(4) 不要過度置入自己的價值觀，不需要追求所謂主流的價值觀。如果孩子的興趣很冷門也沒有關係，重要的是讓他在這樣的探索中更認識自己。

(5) 如果孩子找不到自己的興趣，那就讓他繼續去嘗試，有意識地去探索，在生活中要空出這樣的時間來，而不是快速地一直向前跑。

〔問題二〕

孩子沒辦法好好利用時間，很多時候都會分心去做別的事情，感覺他還沒有自主學習的能力？

A：專注力這個問題在很多孩子身上都會出現，不要說孩子了，在網路發達的現代，很多大人也會出現專注力的問題。面對孩子沒有辦法好好運用時間，學習時容易分心導致效率不佳，影響到他在自主學習時的品質，我們可以試著這樣做：

(1)確認孩子專注力的狀態，有些孩子可能有注意力缺陷過動的問題，這部分就需要帶孩子去給身心科醫師評估，配合醫療的介入方式協助孩子改善專注力。

(2)確認孩子是能力還是態度問題，若像第一點提到的，孩子有注意力缺陷過動症，那就有很高機率是孩子專注能力不足。但有些時候孩子可能是態度、動機以及學習習慣沒有養成的問題。當孩子陷入動機問題時，可能需要有人可以和孩子溝通自身的狀態，了解他是不是在哪些部分遇到瓶頸。

(3)別陷入專注力的迷思，不是專注的時間越長就越好，專注力的訓練應該聚焦在專注時的品質，即便是成人的專注時間也是有限的，引導孩子學習覺察自己的不專注，意識到自己不專注後可以再次啟動自己的專注，就有機會提升自主學習的效能。

(4)有意識地切斷學習時間，引導孩子練習把一段長時間分成多個段落的短時間，在每一段的短時間內練習專注。

(5)善用工具，定時器是維持注意力的好幫手。

(6)給孩子犯錯的空間，能力的養成需要付出代價，孩子需要在每一次的錯誤經驗中修正自己，不要因為孩子現在還做不到，就不給他機會練習，我們每個人都是從這些經驗中成長的。

〔問題三〕

我的孩子比較內向，不太主動和他人互動，缺乏自主學習需要的群學能力，我該怎麼樣幫助他？

A：和同伴學習是自主學習重要的能力，對於個性內向，平時不主動與他人互動的孩子來說，群學過程勢必會感受到壓力。不過，不代表外向的孩子就具備比較好的群學能力。至於什麼是群學，如何群學，可以參考本書中的說明。

現代社會很多家庭都只生一個孩子，孩子在成長的過程中，可能缺乏與同儕互動的機會，也間接影響他們的群性，但這樣的結果並不是我們所樂見的。當孩子在與他人互動與合作時遭遇困難，爸爸媽媽可以透過以下幾個方式協助孩子釐清：

(1)觀察孩子的社會性互動是否有明顯的困難？溝通和社會互動困難是自閉症特質孩子典型的特徵，如果孩子從小就在與他人互動時有明顯的困難，我們可能要進一步了解這個困難的成因。有沒有可能是因為他本身具有自閉症特質，還是單純因為個性造成的，這部分可以尋求精神科醫師的協助。

(2)不要勉強孩子去和他人互動。負向的互動經驗很多時候反而會創造孩子與他人互動時的障礙，人際互動的連結與練習，可以從一些比較輕鬆的場合開始，例如孩子有興趣的活動、孩子熟悉的場域。

(3)合作的能力需要培養，創造孩子與他人互動的機會。孩子是可以依靠經驗的累積而成長的，如果這個過程中有些他信任的教練更棒！當孩子願意檢視自己與他人的互動關係，進步是可以預期的。

國家圖書館出版品預行編目資料

讓孩子做學習的主人：自主學習典範親師指南 / 丁志仁、曲智鑛著. -- 初版. -- 臺北市：商周出版：英屬蓋曼群島商家庭傳媒股份有限公司城邦分公司發行, 2021. 11
面； 公分. -- (商周教育館；48)
ISBN 978-626-318-043-7(平裝)

1.自主學習 2.教育理論

520.1 110017134

商周教育館 48

讓孩子做學習的主人

——自主學習典範親師指南

作　　者／丁志仁、曲智鑛
企劃選書／黃靖卉
特約編輯／林淑華

版　　權／黃淑敏、吳亭儀、江欣瑜
行銷業務／周佑潔、黃崇華、張媖茜
總 編 輯／黃靖卉
總 經 理／彭之琬
事業群總經理／黃淑貞
發 行 人／何飛鵬
法律顧問／元禾法律事務所王子文律師
出　　版／商周出版
台北市104民生東路二段141號9樓
電話：(02) 25007008　傳真：(02)25007759
E-mail：bwp.service@cite.com.tw　Blog：http://bwp25007008.pixnet.net/blog
發　　行／英屬蓋曼群島商家庭傳媒股份有限公司城邦分公司
台北市中山區民生東路二段141號2樓
書虫客服服務專線：02-25007718；25007719
24小時傳真專線：02-25001990；25001991
服務時間：週一至週五上午09:30-12:00；下午13:30-17:00
劃撥帳號：19863813；戶名：書虫股份有限公司
讀者服務信箱：service@readingclub.com.tw
城邦讀書花園 www.cite.com.tw
香港發行所／城邦（香港）出版集團
香港灣仔駱克道193號東超商業中心1樓_ E-mail : hkcite@biznetvigator.com
電話：(852) 25086231　傳真：(852) 25789337
馬新發行所／城邦（馬新）出版集團【Cite (M) Sdn Bhd】
41, Jalan Radin Anum, Bandar Baru Sri Petaling, 57000 Kuala Lumpur, Malaysia.
電話：(603) 90578822　傳真：(603) 90576622

封面設計／林曉涵
版面設計／林曉涵
插　　畫／Ringo Hsu
印　　刷／中原造像股份有限公司
經 銷 商／聯合發行股份有限公司　電話：(02) 29178022　傳真：(02) 29110053

■2021年11月11日初版
定價400元
Printed in Taiwan

城邦讀書花園
www.cite.com.tw
 ISBN 978-626-318-043-7